Cupcakes
für Kinder

Rosie Anness & Cortina Butler

Cupcakes
für Kinder

EDITION XXL

INHALT

Cupcakes – Grundlagen   6

Zutaten   6
Backtemperaturen   6
Papierbackförmchen   6
Backformen   6
Grundrezept: Vanille-Cupcakes   7
Grundrezept: Schokoladen-Cupcakes   7
Glutenfrei backen   8
Grundrezept: Glutenfreie Vanille-Cupcakes   8

Toppings   10

Rollfondant   10
Zuckerguss   10
Buttercreme   10
Buttercremehäubchen   11
Aufgespritzte Buttercreme   11
Royal Icing (Eiweißglasur)   12
Italienische Baiser-Glasur   13
Wie man Spritzbeutel aus Pergamentpapier
   herstellt   13

Dekoration   14

Essbare Dekos   14
Lebensmittelfarbe   14
Essbare Tinte und Glasur zum Schreiben   15
Weitere Dekorationen   15

Tiere, Insekten und Blumen   16

Hunde und Katzen   18
Tropische Dinosaurier   20
Bauernhoftiere   22
Zauberfalter-Cupcakes   24

Festliche Leckereien   26

Happy-Birthday-Cupcakes   28
Oster-Cupcakes mit Schoko-Nestern   30
Halloween-Cupcakes   32
Weihnachts-Cupcakes   34
Glücksstern-Cupcakes   36
Chinesischer Neujahrsdrache   38

Märchenstunde   40

Märchenprinzessinnen-Cupcakes   42
Piraten-Cupcakes   44
Superhelden-Cupcakes   46
Auto- und LKW-Cupcakes   48
Zuckerbäcker-Cupcakes   50
Zauberhut-Cupcakes   52
Raumfahrer-Cupcakes   54

Spiel und Spaß   56

Primaballerina-Cupcakes   58
Fußballfan-Cupcakes   60
Karibik-Cupcakes   62
Regenbogen-Cupcakes   64
Juwelen-Cupcakes   66

Einfach lecker   68

Heidelbeer-Cupcakes   70
Schokoladen-Cupcakes   72
Honigbienen-Cupcakes   74
Kokos-Cupcakes   76
Cupcakes mit Ahornsirup   78

Register   80

Schon seit Rosie ein kleines Mädchen war, haben wir zusammen Cupcakes gebacken – für Geburtstage und Feste oder einfach nur, um sich einen regnerischen Nachmittag zu vertreiben. Damals musste sie noch auf einen Stuhl klettern, um die Zutaten auf dem Tisch verarbeiten zu können. Wir haben stets nur kleine Mengen verwendet, die sie als kleines Mädchen gut verarbeiten konnte. Ging dann etwas schief, war der Schaden nicht so groß. Da die kleinen Kuchen relativ schnell durchgebacken waren, konnte keine Langeweile aufkommen und man brauchte nicht so lange zu warten, bis sie abgekühlt waren.

Rosie liebte es, in der Schachtel mit den Papierförmchen zu kramen und nach einem besonders schönen Muster zu suchen. Am schönsten war es jedoch, neue Geschmackskombinationen und Dekorationen zu erfinden. Natürlich war es ein Vergnügen für sie, die fertigen Cupcakes zu essen und dabei die Papierförmchen abzuschälen und die Glasur abzulecken. Das Backen selbst hat ihr jedoch immer am meisten Spaß gemacht – und so ist es noch immer.

Wir haben hier Backrezepte zusammengestellt, die bei Kindern sehr beliebt sind und mit unterschiedlichen Glasuren verziert werden können. Gehen Sie die Rezepte am besten mit Ihrem Kind durch und lassen Sie es auswählen. Dann stehen die Chancen gut, dass alles aufgegessen wird. Sie können aber auch eines der Grundrezepte wählen und nach Belieben abwandeln und dekorieren.

Es gibt eine Menge einfacher Rezepte, die Sie zusammen mit Ihrem Kind backen können. Bei komplizierten Dekorationen sollten Sie natürlich kräftig mithelfen.

Viel Spaß beim Backen und Dekorieren!

Rosie & Cortina

Rosie liebte es, tief in der Schachtel mit den Papierförmchen zu kramen …

CUPCAKES – GRUNDLAGEN

Alle Zutaten sollten Zimmertemperatur haben und genau abgewogen werden. Überprüfen Sie außerdem Ihren Backofen: Wenn er einwandfrei funktioniert, kann eigentlich nichts schiefgehen. Falls Ihr Gebäck dennoch nicht perfekt gelingt, so wird es spätestens durch die Dekoration sehr appetitlich aussehen.

ZUTATEN

Wir haben für diese Rezepte Butter verwendet, die Sie natürlich auch durch andere geeignete Backfette ersetzen können. Bei manchen Fetten entsteht ein etwas flüssigerer Teig. Dann ist es nicht nötig, noch Milch oder Fruchtsaft hinzuzufügen. Zur Herstellung von Buttercremeverzierungen sollte aus Geschmacksgründen jedoch unbedingt Butter verwendet werden. Was die Eier betrifft, so empfehlen wir, Eier mittlerer Größe zu verwenden. Alle Zutaten sollten Raumtemperatur haben, auch wenn es sich nur um kleine Mengen handelt. Harte Butter kann in der Mikrowelle bei mittlerer Hitze in einigen Sekunden weich gemacht werden, notfalls in mehreren Etappen. Die Butter sollte nicht flüssig sein, da sich damit kein luftiger Teig herstellen lässt.

BACKTEMPERATUREN

Die angegebenen Backtemperaturen gelten für gewöhnliche Backöfen. Die meisten Rezepte werden bei 180 °C gebacken. Sollten Sie einen Umluftofen haben, reduzieren Sie die Temperatur auf 170 °C und machen Sie die Garprobe schon etwas früher als im Rezept angegeben.

PAPIERBACKFÖRMCHEN

Cupcakes-Förmchen gibt es in verschiedenen Größen. Wir haben bei unseren Rezepten Förmchen von mittlerer Größe (5 cm Ø am Boden, 3 cm hoch) verwendet, die als Standard-Papierbackförmchen für Cupcakes im Handel erhältlich sind. Die größeren Papierbackförmchen für Muffins sind für die meisten Kinder etwas zu groß. Wenn Sie Muffin-Förmchen verwenden, sollten Sie nur 9 oder 10 Förmchen anstatt 12 benutzen. Es sind auch Mini-Papierbackförmchen erhältlich, von denen dann pro Rezept 14 oder 15 Förmchen sowie etwas mehr Belag nötig sind.

Im Handel sind auch Förmchen aus Backpapier erhältlich. Diese sind insbesondere für dunkle Teige gut geeignet. Jedoch lösen sie sich allzu schnell vom gebackenen Teig ab. Helle Förmchen sind besser für helle Teige geeignet, wie z. B. mit Vanille oder Zitrone, bunt gemusterte passen gut zu Kuchen mit schlichter Dekoration. Auch verschiedene Silikonförmchen werden mittlerweile überall angeboten: Sie lassen sich mehrmals verwenden und das Gebäck kann gleich in der Form serviert werden – falls Sie genügend Förmchen haben. Andernfalls können Sie sie herauslösen und ohne Förmchen oder in eine Serviette eingeschlagen servieren.

BACKFORMEN

Papierbackförmchen müssen vor dem Befüllen mit Teig in ein Muffin-Muldenblech gestellt werden, da sie nicht stabil genug sind, um alleine zu stehen. Der Teig könnte sie auseinanderdrücken und herauslaufen. Einzelne Silikonförmchen dagegen können einfach auf ein Backblech gestellt werden. Vor dem Befüllen mit Teig sollten auch diese Förmchen grundsätzlich eingefettet und leicht mit Mehl ausgestäubt werden, selbst wenn sie laut Hersteller antihaftbeschichtet sind. Die Kuchen lassen sich dann viel besser aus der Form lösen.

GRUNDREZEPT:
VANILLE-CUPCAKES

Der Vanilleextrakt kann durch Zitronenabrieb,
die Milch durch Zitronensaft ersetzt werden.

➡ FÜR 12 STÜCK

120 g Mehl
1 TL Backpulver
120 g weiche Butter
120 g Streuzucker (extrafein)
2 Eier
1 TL Vanilleextrakt
1–2 EL Milch

Ein besonders einfaches Rezept für Vanille-Cupcakes.

1 Den Backofen auf 180 °C vorheizen. Ein Muffinblech mit Cupcake-Förmchen auslegen. Das Mehl mit dem Backpulver mischen, sieben und beiseitestellen.

2 Die Butter einige Minuten cremig rühren. Den Zucker hinzugeben und weiterschlagen, bis die Mischung leicht und locker ist und eine blasse Farbe hat. Die Eier verquirlen und mit dem Vanilleextrakt vermischen. Schrittweise unter kräftigem Rühren zur Butter-Zucker-Mischung hinzufügen. Zum Schluss 1 TL Mehl mit ein-rühren, damit die Mischung nicht gerinnt. Das Mehl und nach und nach so viel Milch dazugeben, bis der Teig schwer vom Löffel reißt.

3 Den Teig in die Förmchen füllen. Im Backofen 20–25 Minuten backen, bis die Kuchen aufgegangen und leicht gebräunt sind und bei leichtem Druck auf die Oberfläche etwas nachgeben. Im Muffinblech auskühlen lassen, dann herausnehmen und auf einem Kuchengitter vollständig abkühlen lassen.

GRUNDREZEPT:
SCHOKOLADEN-CUPCAKES

➡ FÜR 12 STÜCK

90 g Mehl
1 TL Backpulver
30 g Kakao
120 g weiche Butter
120 g Rohrzucker
2 Eier
1–2 EL Milch

1 Den Backofen auf 180 °C vorheizen. Ein Muffinblech mit Cupcake-Förmchen auslegen. Das Mehl, das Backpulver und den Kakao mischen, sieben und beiseitestellen.

2 Die Butter einige Minuten cremig rühren. Den Zucker hinzugeben und weiterschlagen, bis die Mischung leicht und locker ist und eine blasse Farbe hat. Die Eier verquirlen und schrittweise unter Rühren zur Butter-Zucker-Mischung hinzufügen. Zum Schluss 1 TL Mehl mit einrühren, damit die Mischung nicht gerinnt. Die Mehlmischung unterheben und nach und nach so viel Milch hinzufügen, bis der Teig schwer vom Löffel reißt.

3 Den Teig in die Förmchen füllen. Im Backofen 20–25 Minuten backen, bis die Kuchen aufgegangen und leicht gebräunt sind und bei leichtem Druck auf die Oberfläche etwas nachgeben. Im Muffinblech auskühlen lassen, dann herausnehmen und auf einem Kuchengitter vollständig abkühlen lassen.

GLUTENFREI BACKEN

Im Fall einer Glutenunverträglichkeit (Glutene sind Proteine, die in Weizen und anderen Getreidesorten wie Gerste und Roggen enthalten sind) können glutenfreie Mehlmischungen anstelle von gewöhnlichem Mehl verwendet werden. Um einen Teig zu erhalten, der gleichermaßen gut vom Löffel reißt, sollte eventuell etwas mehr Milch dazugegeben werden. Achten Sie darauf, dass auch das Backpulver glutenfrei ist. Wenn eines der Kinder oder der Gäste eine Glutenunverträglichkeit hat, backen Sie am besten alle Kuchen mit glutenfreiem Mehl. Die anderen werden keinen Unterschied merken.

Sollte kein glutenfreies Mehl erhältlich sein, kann für Cupcakes auch Reismehl verwendet werden. Reismehl besteht aus sehr fein gemahlenem Reis. Sollte kein fein gemahlenes Reismehl verfügbar sein, ist auch ein etwas gröber gemahlener Reis zum Backen geeignet. Dabei wird allerdings auch die Beschaffenheit des Teigs etwas gröber.

GRUNDREZEPT: GLUTENFREIE VANILLE-CUPCAKES

➡ Für 12 Stück

120 g Reismehl
1 TL glutenfreies Backpulver
120 g weiche Butter
120 g Streuzucker (extrafein)
2 Eier
1 TL Vanilleextrakt
1 – 3 TL Milch

1 Den Backofen auf 180 °C vorheizen. Ein Muffinblech mit Cupcake-Förmchen auslegen. Das Reismehl mit dem Backpulver vermischen und sieben.

2 Die Butter einige Minuten cremig rühren. Den Zucker dazugeben und weiterrühren, bis die Mischung leicht und locker ist und eine blasse Farbe hat. Die Eier verquirlen und mit dem Vanilleextrakt vermischen, unter kräftigem Rühren nach und nach zur Butter-Zucker-Mischung hinzufügen. Dabei 1 TL Mehl mit einrühren, damit die Mischung nicht gerinnt. Das Mehl dazugeben und so viel Milch (15 – 45 ml) einrühren, bis der Teig schwer vom Löffel reißt.

3 Den Teig in die Förmchen füllen. Im Backofen 20 – 25 Minuten backen, bis die Kuchen aufgegangen und leicht gebräunt sind und bei leichtem Druck auf die Oberfläche etwas nachgeben. Im Muffinblech auskühlen lassen, dann herausnehmen und auf einem Kuchengitter vollständig abkühlen lassen.

TOPPINGS

Für die meisten Dekorationen haben
wir fünf Typen von Toppings verwendet:
Rollfondant, Zuckerguss, Buttercreme,
Royal Icing (Eiweißglasur) und Baiser.

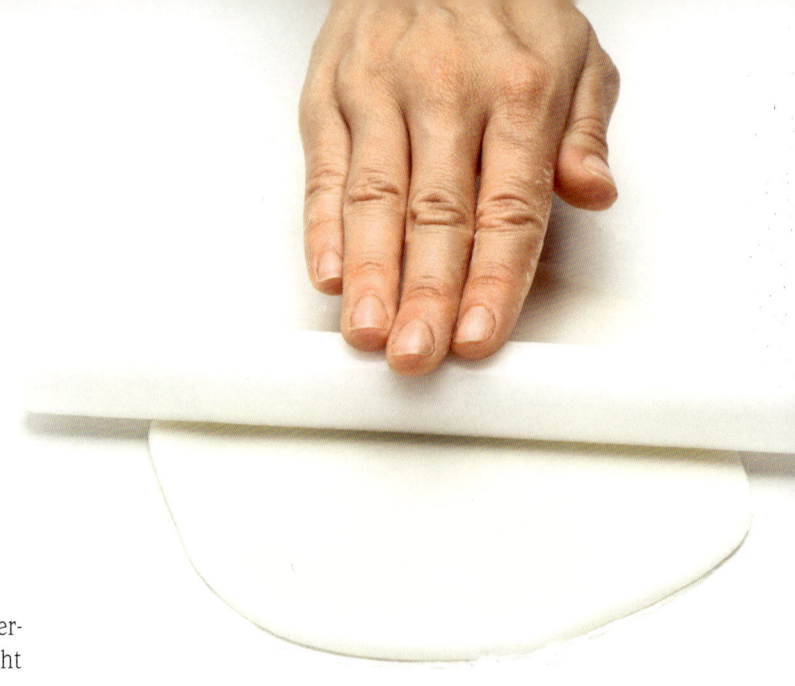

ROLLFONDANT

Rollfondant ist im Handel in verschiedenen Farben erhältlich und kann auch mit Lebensmittelfarbgel (nicht
mit flüssiger Lebensmittelfarbe) gefärbt werden. Rot,
Grün und Schwarz sind gut verfügbar. Beim Kneten
und Ausrollen färbt der Fondant auf die Hände ab,
was sich jedoch mit Wasser leicht abwaschen lässt.
Er ist gut geeignet für ausgeschnittene flache Dekorationen oder für Figuren.

Rollfondant trocknet schnell, daher muss man nach
der Fertigstellung der Dekoration auch nicht so lange
warten. Allerdings kann er schnell eintrocknen, wenn
man bei unfertigen Verzierungen vergisst, diese abzudecken. Verwenden Sie nur so viel, wie Sie brauchen
und decken Sie den Rest mit Plastikfolie ab.

Professionelle Konditoren verwenden Blüten-
oder Zuckerpaste, einen speziellen Fondant zur Herstellung von Blüten oder anderen Dekorationen, der
im Fachhandel erhältlich ist. Er lässt sich besonders
dünn ausrollen und trocknet schneller und fester aus
als Rollfondant. Wir haben Rollfondant verwendet,
weil er leichter verfügbar ist. Wenn Sie jedoch professionelle Dekorationen herstellen möchten, sollten Sie
Blütenpaste einsetzen.

Bewahren Sie Kuchen mit einer Dekoration aus
Rollfondant nicht in fest verschließbaren Kunststoff-
behältern auf, weil der Fondant darin klebrig werden
kann. Besser ist es, die Kuchen mit einem sauberen
Geschirrtuch abzudecken.

Rollen Sie den Fondant auf einer mit Puderzucker
bestreuten oder leicht eingefetteten Arbeitsfläche aus.
Bei der Verwendung von Fett bleibt der Fondant geschmeidig und es bleiben keine weißen Puderzucker-
reste daran kleben.

Zur Herstellung von flachen Dekorationen wird
der Fondant ca. 3 mm dünn ausgerollt. Dann können
Formen ausgestochen oder mit einem kleinen, scharfen Messer ausgeschnitten werden. Dabei kann die ge-
wünschte Form zuvor auf ein Stück Papier aufgezeich-
net, aufgelegt und ausgeschnitten werden. Lassen Sie
die fertigen Formen vor dem Aufsetzen auf die Kuchen
5–10 Minuten trocknen.

ZUCKERGUSS

Zur Herstellung dieser einfachsten aller Glasuren wird
Puderzucker mit Wasser oder Fruchtsaft vermischt und
nach Belieben mit Lebensmittelfarbe gefärbt. In einen
Spritzbeutel mit feiner Lochtülle gefüllt lassen sich damit
einfache Linien aufspritzen. Zuckerglasur ist weniger
deckend als Royal Icing (Eiweißglasur), doch sie lässt
sich schnell und einfach herstellen und ist für das Backen mit Kindern gut geeignet.

Für die Dekoration von ➡ 12 Cupcakes

150 g gesiebter Puderzucker
2–2 ½ EL Wasser oder Zitronensaft

Den Puderzucker mit dem Wasser oder dem Zitronensaft verrühren. Dabei jeweils nur 1 TL Flüssigkeit dazugeben, bis der Guss eine dickflüssige Konsistenz hat
und sich sich gut auf die Cupcakes aufspritzen lässt.
Wenn Sie den Guss färben möchten, sollten Sie die
Farbe möglichst früh mit einrühren, da sie den Guss
dünnflüssiger macht.

BUTTERCREME

Nachdem Rosie in einer der neuen Konditoreien, die
plötzlich wie Pilze aus dem Boden schossen, Cupcakes
mit Buttercreme gesehen hatte, dekorierten auch wir
einige Kuchen damit. Diese üppige Dekoration, die ge-
nauso mächtig ist, wie der Kuchen selbst, ist insbesondere bei Kindern sehr beliebt. Sie ist sehr lecker, aber
dermaßen nahrhaft, dass wir sie bei der Dekoration ver-
gleichsweise sparsam einsetzen. Einer der Vorteile von
Buttercreme ist ihre lange Haltbarkeit – auch ohne
Kühlen.

Für die Dekoration von ➡ **12 Cupcakes**

120 g weiche Butter
230 g Puderzucker
1 TL Vanilleextrakt
1 – 2 EL Milch

Die Butter cremig rühren. Den Puderzucker sieben und schrittweise unter kräftigem Rühren hinzufügen. Den Vanilleextrakt dazugeben. Vorsichtig mit so viel Milch vermischen, bis eine geschmeidige Buttercreme entsteht, die gut aufgespritzt werden kann.

Buttercremehäubchen

Die einfachste Dekoration mit Buttercreme ist ein Häubchen. Geben Sie einen Löffel voll Buttercreme auf einen Cupcake. Halten Sie den Kuchen dann mit einer Hand fest und verstreichen Sie die Buttercreme mit einem Messer, indem Sie den Kuchen drehen.

Aufgespritzte Buttercreme

Zum Befüllen des Spritzbeutels – mit Buttercreme oder auch Royal Icing – können Sie ihn mit aufgesteckter Tülle in einen Behälter stellen und den Rand des Spritzbeutels nach unten rollen. Befüllen Sie den Spritzbeutel mit der Buttercreme und rollen Sie ihn ein Stück hoch. Wiederholen Sie den Vorgang, bis die Buttercreme eingefüllt ist. Einwegspritzbeutel, z. B. aus Pergamentpapier (siehe Seite 13), sind dabei eine echte Arbeitserleichterung, insbesondere wenn man mit verschiedenen Farben

arbeiten möchte (die Reinigung von Spritzbeuteln ist ziemlich arbeitsaufwendig).

Um eine Buttercremedekoration auf einen Cupcake zu spritzen, ist eine große Sterntülle gut geeignet. Am besten beginnt man von außen und bewegt sich dann zur Mitte hin. So kann auch der Rand des Kuchens gut abgedeckt werden.

Es gibt noch eine andere große Spritztülle, mit der sich ganz einfach wunderschöne Rosetten auf die Kuchen aufspritzen lassen. Sie sieht der Sterntülle ähnlich, jedoch sind die Spitzen etwas nach außen gebogen. Dabei arbeitet man von innen nach außen und erhält dabei eine Dekoration, die wie eine aus Bändern geformte Rose aussieht.

... schlagen, bis der Eischnee fest ist und Spitzen zieht.

ROYAL ICING (EIWEISSGLASUR)

Wir verwenden zum Dekorieren auch gerne Royal Icing, weil sich damit feste und gut deckende Dekorationen herstellen lassen. Wenn man es selbst herstellen möchte, muss man rohes Eiweiß verwenden. Wer nicht gerne rohes Eiweiß einsetzt, kann auf pasteurisiertes Eiweißpulver zurückgreifen, das auch als Fertigprodukt mit Zucker vermischt im Handel angeboten wird. Gerade für kleine Mengen ist es gut geeignet. Die Herstellung von Royal Icing wird in den Rezepten genau beschrieben. Generell sollte bei der Verwendung von einem Royal-Icing-Fertigprodukt etwas mehr Zucker als angegeben hinzugefügt und ansonsten die Packungsanweisungen befolgt werden. Auf jeden Fall muss das Icing mindestens 5 Minuten mit einem elektrischen Handrührgerät geschlagen werden.

Mit dem Grundrezept lässt sich eine Eiweißglasur herstellen, die sehr gut mit einem Spritzbeutel aufgetragen werden kann. Durch Zufügen von Wasser wird das Icing dünnflüssiger. Zur Überprüfung der richtigen Beschaffenheit schneidet man mit einem Messer in den Eischnee und zählt, bis sich der Schnitt wieder geschlossen hat. Unserer Erfahrung nach ist das Icing richtig, wenn man bis 15 zählen kann. Es ist dann ausreichend geschmeidig und fließt dennoch nicht über den ganzen Kuchen.

Royal Icing trocknet sehr schnell. Wenn Sie die Kuchen mit bunten Zuckerstreuseln verzieren möchten, müssen Sie diese gleich nach dem Auftragen der Eiweißglasur aufstreuen.

Für die Dekoration von ➡➡ 12 Cupcakes

120 g Puderzucker
½ Eiweiß
½ TL Glyzerin
1 TL Zitronensaft (nach Belieben)
ca. 1 TL Wasser

1 Den Puderzucker sieben und beiseitestellen. Das Eiweiß mit einem elektrischen Handrührgerät schaumig schlagen und nach und nach den Zucker einrühren. Die Mischung weiterschlagen, bis sie fest ist und glänzt. Das Glyzerin und den Zitronensaft (nach Belieben) einrühren und die Mischung mindestens 5 Minuten weiterschlagen, bis sie dick und weiß ist. Beim Anheben der Schneebesen sollte das Eiweiß Spitzen ziehen. Wenn Sie das Eiweiß nicht gleich verwenden, sollten Sie es mit einer Frischhaltefolie abdecken. In diesem Zustand lässt es sich gut mit dem Spritzbeutel verarbeiten.

2 Um die Kuchen mit der Glasur zu überziehen, wird ihr 1 TL Wasser hinzugefügt. Testen Sie ihre Beschaffenheit, indem Sie mit dem Messer hineinschneiden und zählen, bis sich der Schnitt wieder schließt. Sollten Sie länger zählen müssen als bis 15, wird nochmals etwas Wasser zugegeben.

ITALIENISCHE BAISER-GLASUR

Eine glänzende, baiserartige Dekoration lässt sich aus geschlagenem Eiweiß und Zuckersirup herstellen. Diese Glasur hat ein noch intensiveres Weiß als Buttercreme und eignet sich gut zum Färben mit Pastellfarben. Man kann damit sehr üppige Häubchen auf die Kuchen aufbringen. Wer möchte, kann auch pasteurisiertes Eiweißpulver verwenden.

Kuchen mit dieser Glasur werden am besten am gleichen Tag verzehrt, da sie sonst zu hart wird.

Für die Dekoration von ➡ 12 Cupcakes

120 g Streuzucker (extrafein)
6 EL Wasser
2 Eiweiß
Lebensmittelfarbe nach Belieben

1 Den Zucker und das Wasser in eine Pfanne geben und vorsichtig erhitzen, bis sich der Zucker vollständig aufgelöst hat. Die Zuckerkristalle mit einem feuchten Teigschaber vom Rand entfernen. Die Mischung ohne umzurühren stärker erhitzen, bis sie eine Temperatur von 119 °C erreicht hat. Dann müsste ein Tropfen des Sirups einen weichen Ball ergeben, sobald man ihn in ein Glas mit kaltem Wasser gibt.

2 Die Eiweiße mit einem elektrischen Handrührgerät schlagen, bis sie Spitzen ziehen. Den Sirup am Rand der Schüssel einfließen lassen und weiterschlagen, bis die Masse steif und glänzend ist. Beim Einfließenlassen in das geschlagene Eiweiß sollte der Sirup nach Möglichkeit nicht an Temperatur verloren haben.

Nach Belieben Lebensmittelfarbe hinzufügen und die Masse in einen Spritzbeutel mit großer Sterntülle füllen. Die Kuchen mit Häubchen verzieren.

WIE MAN SPRITZBEUTEL AUS PERGAMENTPAPIER HERSTELLT

Wenn man sehr feine Verzierungen ausführen möchte, ist ein kleiner Spritzbeutel aus Pergament- oder Backpapier hilfreich.

1 Schneiden Sie ein rechtwinkliges Dreieck mit den kurzen Seiten von 25 – 30 cm aus Pergament- oder Backpapier aus. Am besten nehmen Sie dafür ein Quadrat mit den Seitenlängen von 38 cm und teilen es diagonal in vier Teile.

2 Winden Sie das Papier um den Handrücken und formen Sie es zu einem Trichter.

3 Schlagen Sie das Papier oben ein, um den Trichter zu stabilisieren. Notfalls können Sie das Papier auch mit einem Stück Klebeband fixieren. Sollte die Öffnung an der Spitze zu klein sein, können Sie diese nach Belieben zurechtschneiden.

DEKORATION

Beim Verzieren von Cupcakes gibt es keine Regeln.

Üppige Verzierungen sind meistens sehr wirkungsvoll. Schauen Sie sich immer wieder mal nach ungewöhnlichem Dekorationsmaterial um und bewahren Sie es in einer Schachtel auf, für den Fall, dass Sie einmal spontan etwas backen möchten. Sollten Sie keine schönen Dekorationen im Hause haben, können Sie Ihr Gebäck auch mit kleinen Süßigkeiten oder selbst hergestellten Dekorationen verzieren.

ESSBARE DEKOS

Auch gewöhnliche Supermärkte halten in der Zwischenzeit eine große Vielfalt an essbaren Dekorationen bereit. Im Internet ist die Auswahl nahezu unendlich. Ein einfacher Vanille-Cupcake mit einem Buttercremehäubchen oder Zuckerguss mit bunten Zuckerstreuseln, Nonpareilles oder anderen kleinen Kügelchen bestreut, sieht einfach fantastisch aus. Essbare Zuckerherzchen oder -sternchen sind leicht zu finden. Wir haben auch schon kleine Fische, Blätter, Bäume, Kürbisse oder Blumen gesehen. Ebenso findet man fertig geformte Zuckerblumen, -häubchen oder -rosetten im Handel. Es lohnt sich, immer mal wieder einen Blick in das Regal mit den Backzutaten oder dem Dekorationsmaterial für Kuchen oder Eis zu werfen.

Essbarer Glitzer oder Glitzerstaub verleihen den Cupcakes einen besonderen Zauber. Für gewöhnlich sind sie in kleinen Mengen und vielen verschiedenen Farbtönen erhältlich. Sinnvoll ist es, goldenen und silbernen Glitzer vorrätig zu haben, der mit jeder beliebigen Dekoration kombinierbar ist.

Auch farbige Zuckerstreusel sind sehr effektvoll. Man kann sie ganz einfach selbst herstellen. Geben Sie 50 g Zucker in ein Schraubdeckelglas und träufeln Sie 2 – 3 Tropfen Lebensmittelfarbe (oder mit etwas Wasser vermischtes Lebensmittelfarbgel) hinein. Verschließen Sie das Glas und schütteln Sie es, bis der Zucker gleichmäßig die Farbe aufgenommen hat. Schütten Sie den Zucker auf einen Teller und lassen Sie ihn trocknen.

Auch kandierte Kirschen oder andere Früchte sehen auf einer weißen oder schokoladenfarbenen Glasur sehr hübsch aus. Auch einzelne Gummibärchen, bunte Schokolinsen oder Schokoraspel sind zum Dekorieren gut geeignet. Mit großen silbernen, goldenen oder pastellfarbenen Deko-Dragees lassen sich größere Kinder begeistern.

LEBENSMITTELFARBE

Zum Färben von Glasuren ist Lebensmittelfarbgel besonders gut geeignet, weil es stark konzentriert ist und zum Färben nur eine kleine Menge verwendet werden muss. Dadurch besteht keine Gefahr, dass die Glasur durch das Färben zu flüssig wird. Es ist in gut sortierten Supermärkten, im Konditoreifachhandel oder im Internet erhältlich. Auch flüssige Lebensmittelfarbe kann verwendet werden. Jedoch sollten damit nur Zuckerguss, Buttercreme oder Royal Icing gefärbt werden. Dabei wird die Lebensmittelfarbe vor der Zugabe von anderen flüssigen Zutaten hinzugefügt, damit die Glasur nicht zu dünnflüssig wird. Zum Färben von Rollfondant ist flüssige Lebensmittelfarbe nicht geeignet. Lebensmittelfarbgel wird am besten nach und nach mit Hilfe eines Holzstäbchens dazugegeben, bis man den gewünschten Farbton erreicht hat. Seine Färbekraft ist sehr intensiv und man benötigt nur kleine Mengen. Professionelle Farbgels sind noch wesentlich intensiver.

ESSBARE TINTE UND GLASUR ZUM SCHREIBEN

Filzstifte mit essbarer Farbe sind gut geeignet, um auf Rollfondant Formen zum Ausschneiden aufzuzeichnen. Auch fertig angerührte und gefärbte Glasur in kleinen Tuben (auch als „Zuckerschrift" erhältlich) kann zum Aufbringen von feinen Dekorationen verwendet werden. Sollten diese Produkte nicht verfügbar sein, kann man selbst eine kleine Menge Zuckerguss herstellen, diesen einfärben und die dickflüssige Glasur mithilfe eines kleinen Spritzbeutels auf die Kuchen auftragen.

WEITERE DEKORATIONEN

Tortenkerzen sind in vielen Ausführungen verfügbar. Besonders dekorativ sind lange Kerzen. Etwas größere Kinder freuen sich sehr über kleine Wunderkerzen, die in die Cupcakes hineingesteckt werden. Sie sind mittlerweile in verschiedenen Formen, z. B. als Herzchen oder Sterne, erhältlich.

Verschiedene Motive oder Fähnchen auf Holzspießchen lassen sich schnell selbst herstellen, sind aber auch in großer Vielfalt im Handel verfügbar. Sie können selbst entworfene Fähnchen, etwa unter Verwendung eines Fotos, herstellen oder essbare Oblaten mit Fotos bedrucken lassen.

Individuelle Fähnchen können mithilfe eines Computers und eines Druckers angefertigt werden. Drucken Sie ein ausgewähltes Foto oder Motiv in der Größe von 2,5 cm × 1 cm aus, schneiden Sie die Bildchen aus und kleben Sie diese an Holzspießchen. Bei einer Geburtstagsparty könnten die Kuchen mit einem Foto des Geburtstagskinds dekoriert werden.

Mit Papierstreifen lassen sich schöne Verpackungen für Cupcakes herstellen. Dafür kann man ein etwas festeres buntes Papier nach Belieben in Streifen schneiden oder ein einfarbiges Papier zuvor bunt bemalen, was Ihrem Kind viel Freude machen wird. Um die Cupcakes gewickelt entsteht so eine hübsche und dekorative Verpackung. Für eine Party können Dekoration und Verpackung auf jeden Gast abgestimmt sein.

Zuckerglasur sieht fantastisch aus, wenn darauf viele bunte, essbare Perlen funkeln.

TIERE, INSEKTEN
und
Blumen

Ein Orangen-Schokoladen-Teig ist die ideale Grundlage für diese sympathischen Hunde- und Katzen-Cupcakes. Die Dekoration kann je nach Vorliebe auch auf andere Tiere angepasst werden. Je nachdem sollten dann auch die Buttercreme die entsprechende Farbe und die Details die passende Form haben.

HUNDE UND KATZEN

Die Ohren andrücken und den Mund aufspritzen …

➡ FÜR 12 STÜCK

120 g Mehl
1 TL Backpulver
120 g weiche Butter
120 g Streuzucker
  (extrafein)
2 Eier

100 g Milchschokoladensplitter
1 EL unbehandelter
  Orangenabrieb
1 – 2 EL Orangensaft

FÜR DIE DEKORATION

30 g Zartbitterschokolade
120 g weiche Butter

230 g Puderzucker
Lebensmittelfarbgel
  (orange, braun, grün, rosa)
1 – 2 TL Orangensaft
1 – 2 TL Milch (nach Bedarf)
100 g weißer Rollfondant
schwarze und weiße Glasur
  oder Zuckerschrift in der Tube

1 Den Backofen auf 180 °C vorheizen. Ein Muffinblech mit Cupcake-Förmchen auslegen. Das Mehl mit dem Backpulver vermischen, sieben und beiseitestellen.

2 Die Butter cremig schlagen. Den Zucker hinzugeben und weiterschlagen, bis die Mischung locker ist und eine blasse Farbe hat. Die Eier verquirlen und schrittweise unter kräftigem Rühren zur Butter-Zucker-Mischung hinzugeben. 1 TL Mehl einrühren, damit die Masse nicht gerinnt. Das Mehl mit den Schokoladensplittern und dem Orangenabrieb unterheben. So viel Orangensaft hinzufügen, bis der Teig schwer vom Löffel reißt.

3 Den Teig in die Förmchen füllen. Im Backofen 20 – 25 Minuten backen, bis die Kuchen aufgegangen und leicht gebräunt sind und bei leichtem Druck auf die Oberfläche etwas nachgeben. Im Muffinblech auskühlen lassen, dann herausnehmen und auf einem Kuchengitter vollständig abkühlen lassen.

4 Für die Dekoration die Schokolade zerkleinern und in der Mikrowelle oder in einer hitzebeständigen Schüssel im Wasserbad schmelzen. Zum Abkühlen beiseitestellen. Die Butter ein paar Minuten cremig rühren. Den Puderzucker sieben und schrittweise unter Rühren hinzugeben.

5 Die Buttercreme aufteilen. Eine Hälfte mit Lebensmittelfarbe blass-orange färben. Den Orangensaft nach und nach hinzugeben, bis die Buttercreme geschmeidig ist, und sich gut mit dem Spritzbeutel verarbeiten lässt.

6 Die geschmolzene Schokolade in die restliche Buttercreme einrühren. Wenn nötig, nach und nach die Milch hinzufügen, bis die Creme schön weich ist und sich gut aufspritzen lässt.

7 Ein Drittel des Fondants orange färben. Der Farbton sollte sich leicht von dem der Buttercreme unterscheiden. Ein weiteres Drittel braun färben. Auch dieser Farbton sollte sich leicht von der Schokoladen-Buttercreme unterscheiden. Die Hälfte des übrigen Belags hellgrün färben, den Rest rosa.

8 Für die Katzen die orangefarbene Buttercreme mit einer Sterntülle auf sechs der Cupcakes aufspritzen. Den orangefarbenen Fondant ausrollen und 12 Ohren und 6 Nasen ausschneiden. Das Ende der Ohren zusammendrücken. Den grünen Fondant ausrollen und 12 Augen ausschneiden. Die Formen für einige Minuten trocknen lassen, dann die Gesichter der Katzen zusammensetzen und mit schwarzer Zuckerschrift die Münder und schlitzförmigen Pupillen auf die grünen Augen aufspritzen. Die Schnurrhaare mit der weißen Zuckerschrift aufspritzen.

9 Für die Hunde die Schokoladen-Buttercreme auf den anderen sechs Cupcakes verteilen. Den braunen Fondant ausrollen und 12 Ohren, 12 Augen und 6 Nasen ausschneiden. Die Ohren umknicken. Den rosa Fondant ausrollen und 6 Zungen ausschneiden. Die Formen einige Minuten trocknen lassen, dann die Gesichter der Hunde zusammensetzen und mit der schwarzen Zuckerschrift die Münder und die Pupillen der Augen aufspritzen.

Nährwertangaben: Energie 333 kcal/1354 kJ; Protein 3 g; Kohlenhydrate 51 g – davon 43 g Zucker; Fett 13 g – davon 8 g gesättigt; Cholesterin 65 mg; Kalzium 63 mg; Ballaststoffe 0 g; Natrium 27 mg

Variation

Auch ein einfacher Zitronen-Cupcake-Teig ist als Grundlage für diese Kuchen gut geeignet. Die Buttercreme kann leuchtend blau oder gelb eingefärbt werden. Schoko-Rosinen eignen sich als „prähistorische Felsen".

Niemand weiß, welche Farbe urzeitliche Dinosaurier wirklich hatten. Vielleicht waren sie tatsächlich so leuchtend bunt wie diese. Limetten-Kokos-Cupcakes mit einer Dekoration aus Limetten-Buttercreme haben einen tropischen Geschmack und passen sehr gut zu diesen Dinos. Wir haben hier einen Triceratops, einen Stegosaurus und einen Pterodaktylus geformt.

… Augen mit weißem und schwarzem Zuckerguss aufspritzen.

➡ FÜR 12 STÜCK

120 g Mehl
1 TL Backpulver
120 g weiche Butter
120 g Streuzucker (extrafein)
2 Eier
50 g Kokosraspel
1 TL unbehandelter
 Limettenabrieb
1–2 EL Limettensaft

FÜR DIE DEKORATION
180 g Butter
350 g Puderzucker
2–3 TL Limettensaft
Lebensmittelfarbgel
 (grün, gelb, rot, orange)

180 g weißer Rollfondant
weißer und schwarzer Zuckerguss (nach
 Belieben auch Zuckerschrift in der Tube)
kleine Süßigkeiten (z. B. Zuckerperlen,
 kleine bunte Schokolinsen)

1 Den Backofen auf 180 °C vorheizen. Ein Muffinblech mit Cupcake-Förmchen auslegen. Das Mehl mit dem Backpulver mischen, sieben und beiseitestellen.

2 Die Butter einige Minuten cremig rühren. Den Zucker hinzugeben und weiterschlagen, bis die Mischung leicht und locker ist und eine blasse Farbe hat.

3 Die Eier verquirlen und schrittweise unter kräftigem Rühren zur Butter-Zucker-Mischung hinzufügen. Zum Schluss 1 TL Mehl einrühren, damit die Masse nicht gerinnt.

4 Das Mehl mit den Kokosraspeln und dem Limettenabrieb unterheben. Nach und nach so viel Limettensaft hinzufügen, bis der Teig schwer vom Löffel reißt.

5 Den Teig in die Förmchen füllen. Im Backofen 20–25 Minuten backen, bis die Kuchen aufgegangen und leicht gebräunt sind und bei leichtem Druck auf die Oberfläche etwas nachgeben. Im Muffinblech auskühlen lassen, dann herausnehmen und auf einem Kuchengitter vollständig abkühlen lassen.

6 Für die Dekoration die Butter ein paar Minuten rühren, bis sie cremig ist und eine blasse Farbe hat. Den Puderzucker sieben und schrittweise unter Rühren hin-

zugeben. Teelöffelweise so viel Limettensaft hinzufügen, bis die Buttercreme geschmeidig ist und sich gut mit dem Spritzbeutel aufspritzen lässt.

7 Die Buttercreme mit leuchtend grüner Lebensmittelfarbe färben. Mit einer großen Sterntülle auf jeden Cupcake einen „Erdhügel" aus Buttercreme aufspritzen.

8 Den Fondant in vier Stücke teilen und jeweils grün, gelb und rot färben. Das verbleibende Stück noch einmal in drei Portionen aufteilen und diese hellgrün, rosa und orange färben, um die entsprechenden Körperteile der Dinosaurier zu formen. Von jeder Farbe eine kleine Menge zurückbehalten, dann 12 Dinosaurierfiguren formen. Den übrigen Fondant ausrollen und verschiedene kleine Blumen von 0,5–1 cm Größe mit einer Ausstechform ausstechen.

9 Auf jeden Cupcake einen Dinosaurier setzen und Blumen sowie Süßigkeiten in schönen Farbkontrasten aufbringen. Auf jeden Dinosaurier mit dem weißen Zuckerguss Augen und mit dem schwarzen Zuckerguss Pupillen aufspritzen.

Nährwertangaben: Energie 454 kcal/1904 kJ; Protein 3 g; Kohlenhydrate 62 g – davon 54 g Zucker; Fett 24 g – davon 15 g gesättigt; Cholesterin 91 mg; Kalzium 48 mg; Ballaststoffe 1 g; Natrium 205 mg

BAUERNHOFTIERE

➡ FÜR 12 STÜCK

	FÜR DIE DEKORATION	
120 g Mehl	180 g Puderzucker	1 – 2 TL Wasser
1 TL Backpulver	¾ Eiweiß	180 g weißer Rollfondant
120 g weiche Butter	(ca. 25 g oder 1½ EL)	Lebensmittelfarbgel
120 g Streuzucker (extrafein)	1 TL Glyzerin	(rosa, braun, schwarz)
2 Eier	1 TL Zitronensaft	schwarze Glasur oder
1 TL Vanilleextrakt	(nach Belieben)	Zuckerschrift in der Tube
1 – 2 EL Milch		

Die Fans von Bauernhoftieren werden diese Cupcakes lieben!

Dekoriert werden sie mit Royal Icing, die Tiergesichter sind aus Fondant. Zum Ausstechen der Formen ist ein Set mit runden Ausstechern in verschiedenen Größen hilfreich. Ansonsten können dafür auch verschiedene runde Gegenstände aus der Küche benutzt werden. Auch Pferde, Küken, Hasen oder Entchen können gestaltet werden.

1 Den Backofen auf 180 °C vorheizen. Ein Muffinblech mit Cupcake-Förmchen auslegen. Das Mehl mit dem Backpulver mischen, sieben und beiseitestellen.

2 Die Butter einige Minuten cremig rühren. Den Zucker hinzugeben und weiterschlagen, bis die Mischung leicht und locker ist und eine blasse Farbe hat. Die Eier verquirlen und mit dem Vanilleextrakt vermischen, schrittweise unter kräftigem Rühren zur Butter-Zucker-Mischung hinzufügen. Zum Schluss 1 TL Mehl einrühren, damit die Masse nicht gerinnt. Das Mehl unterheben, nach und nach so viel Milch einrühren, bis der Teig schwer vom Löffel reißt.

3 Den Teig in die Förmchen füllen. Im Backofen 20 – 25 Minuten backen, bis die Kuchen aufgegangen und leicht gebräunt sind und bei leichtem Druck auf die Oberfläche etwas nachgeben. Im Muffinblech auskühlen lassen, dann herausnehmen und auf einem Kuchengitter vollständig abkühlen lassen.

4 Für die Dekoration den Puderzucker sieben und beiseitestellen. Das Eiweiß mit einem elektrischen Handrührgerät schaumig schlagen, dann schrittweise den Zucker hinzufügen. Schlagen, bis die Mischung dick und glänzend ist. Das Glyzerin und den Zitronensaft (nach Belieben) hinzugeben und ca. 5 Minuten weiterschlagen, bis die Mischung fest ist und beim Herausheben der Schneebesen Spitzen zieht.

5 Etwa ein Drittel der Glasur in einen Spritzbeutel mit kleiner Lochtülle füllen und auf vier Cupcakes Zickzacklinien aufspritzen, damit es

wie „gestrickt" aussieht. Mit der restlichen Glasur im Beutel später die Augen aufspritzen.

6 Die übrige Glasur mit ca. 1 TL Wasser verrühren. Testen Sie die Beschaffenheit der Eiweiß-Glasur, indem Sie mit dem Messer hineinschneiden und zählen, bis sich der Schnitt wieder schließt. Sollten Sie länger zählen müssen als bis 15, wird nochmals etwas Wasser zugegeben. Die Hälfte der Glasur in eine andere Schüssel geben und mit Lebensmittelfarbe rosa färben. 4 Cupcakes mit rosa Glasur bedecken und 4 mit weißer.

7 30 g des weißen Fondants beiseitestellen (in Plastikfolie einpacken, damit er nicht austrocknet). Jeweils ein Drittel des restlichen Fondants rosa, braun und schwarz färben.

8 Für die Schweine den rosa Fondant etwa 3 – 5 mm dick ausrollen und 4 runde Nasen sowie 8 spitze Ohren ausschneiden. Die Ohren vorsichtig zusammendrücken. Für die Kühe aus dem braunen Fondant 4 Gesichter und 8 Ohren ausschneiden und leicht zusammendrücken. Aus dem übrigen weißen Fondant 4 Fellflecken und 4 Nasen ausschneiden. Für die Schafe aus dem schwarzen Fondant 4 Gesichter und 8 Ohren ausschneiden und leicht zusammendrücken. Die Dekoration auf die Cupcakes aufbringen.

9 Mit dem Rest der weißen Glasur im Spritzbeutel Augen und Nasen aufspritzen. Mit der schwarzen Zuckerschrift die Augen und Nasenlöcher der Kühe und Schweine auftragen oder etwas Royal Icing schwarz färben.

Nährwertangaben: Energie 265 kcal/1110 kJ; Protein 3 g; Kohlenhydrate 46 g – davon 39 g Zucker; Fett 9 g – davon 5 g gesättigt; Cholesterin 60 mg; Kalzium 47 mg; Ballaststoffe 0 g; Natrium 118 mg

ZAUBERFALTER-CUPCAKES

**Schmetterlinge als Kuchen-
dekoration für die Kinderparty
waren schon sehr beliebt, als
es noch keine Cupcakes gab.**
Die Methode, eine Scheibe aus der
Kuchenoberfläche herauszustechen
und auseinanderzuschneiden, um zwei
Schmetterlingsflügel zu formen, kann bei jeder
Art von Cupcake angewendet werden. Die Flügel können
mit Marmelade oder Buttercreme zusammengeklebt werden.
Anstelle der Flügel aus Fondant können auch gebrauchsfertige
Schmetterlinge aus Zuckerpaste oder Esspapier verwendet
werden.

 **FÜR 12 STÜCK**

120 g Mehl
1 TL Backpulver
120 g weiche Butter
120 g Streuzucker (extrafein)
2 Eier
1 TL unbehandelter Zitronenabrieb
1–2 EL Zitronensaft

FÜR DIE DEKORATION

1 Blatt dünne Pappe
75 g weißer Rollfondant
Lebensmittelfarbgel (rosa und blau)
bunte Zuckerperlen
50 g Butter
120 g Puderzucker
1 TL Zitronensaft

Tipp
Mit einem Ausstechförmchen
kann man gleichmäßige
Schmetterlinge ausstechen
und die Flügelenden mit
einer Gabel oder einem
Teigrad verzieren.

1 Den Backofen auf 180 °C vorheizen. Ein Muffinblech mit Cupcake-Förmchen auslegen. Das Mehl mit dem Backpulver mischen, sieben und beiseitestellen.

2 Die Butter einige Minuten cremig rühren. Den Zucker hinzugeben und weiterschlagen, bis die Mischung leicht und locker ist und eine blasse Farbe hat. Die Eier verquirlen und schrittweise unter kräftigem Rühren zur Butter-Zucker-Mischung hinzufügen. Zum Schluss 1 TL Mehl einrühren, damit die Masse nicht gerinnt. Das Mehl und den Zitronenabrieb unterheben. Nach und nach so viel Zitronensaft einrühren, bis der Teig schwer vom Löffel reißt.

3 Den Teig in die Förmchen füllen. Im Backofen 20–25 Minuten backen, bis die Kuchen aufgegangen und leicht gebräunt sind und bei leichtem Druck auf die Oberfläche etwas nachgeben. Im Muffinblech auskühlen lassen, dann herausnehmen und auf einem Kuchengitter vollständig abkühlen lassen.

4 Für die Dekoration die Pappe einmal längs falten und leicht einfetten. Die Hälfte des Fondants zartrosa, die andere hellblau färben. Ausrollen und 4,5 cm große Schmetterlinge ausstechen. Vorsichtig in der Mitte knicken und auf die gefaltete Pappe legen. Die Zuckerperlen in die Flügel drücken und alles trocknen lassen.

5 Die Butter schlagen, bis sie cremig ist und eine blasse Farbe hat. Den Puderzucker sieben und schrittweise unter Rühren hinzufügen. So viel Zitronensaft in die Buttercreme einrühren, bis sie geschmeidig ist.

6 Eine runde, flache Scheibe aus der Oberfläche jedes Kuchens herausschneiden. 1 TL Buttercreme in jede Vertiefung geben. Die herausgeschnittenen Stücke teilen und wie Flügel auf die Buttercreme platzieren. Einen Fondant-Schmetterling auf jeden Kuchen setzen.

Nährwertangaben: Energie 246 kcal/1030 kJ; Protein 2 g; Kohlenhydrate 33 g – davon 26 g Zucker; Fett 13 g – davon 7 g gesättigt; Cholesterin 69 mg; Kalzium 44 mg; Ballaststoffe 0 g; Natrium 136 mg

FESTLICHE
Leckereien

HAPPY-BIRTHDAY- CUPCAKES

Mit Zuckerstreuseln dekorieren, bevor die Glasur fest wird.

⇒ FÜR 12 STÜCK

120 g Mehl
1 TL Backpulver
120 g weiche Butter
120 g Streuzucker (extrafein)
2 Eier
1 TL Vanilleextrakt
1–2 EL Milch

1 Den Backofen auf 180 °C vorheizen. Ein Muffinblech mit Cupcake-Förmchen auslegen. Das Mehl mit dem Backpulver mischen, sieben und beiseitestellen.

2 Die Butter einige Minuten cremig rühren. Den Zucker hinzugeben und weiterschlagen, bis die Mischung leicht und locker ist und eine blasse Farbe hat. Die Eier verquirlen und mit dem Vanilleextrakt vermischen, schrittweise unter kräftigem Rühren zur Butter-Zucker-Mischung hinzufügen. Zum Schluss 1 TL Mehl einrühren, damit die Masse nicht gerinnt. Das Mehl unterheben. Nach und nach so viel Milch einrühren, bis der Teig schwer vom Löffel reißt.

3 Den Teig in die Förmchen füllen. Im Backofen 20–25 Minuten backen, bis die Kuchen aufgegangen und leicht gebräunt sind und bei leichtem Druck auf die Oberfläche etwas nachgeben. Im Muffinblech auskühlen lassen, dann herausnehmen und auf einem Kuchengitter vollständig abkühlen lassen.

4 Für die Dekoration den Puderzucker sieben und beiseitestellen. Das Eiweiß mit einem elektrischen Hand-

FÜR DIE DEKORATION

120 g Puderzucker
½ Eiweiß (ca. 17 g oder 1 EL)
½ TL Glyzerin
½ TL Zitronensaft (nach Belieben)
1–1½ TL Wasser
Lebensmittelfarbgel (grün, blau, gelb)
Zuckerstreusel in leuchtenden Farben
Kerzen

rührgerät schaumig schlagen, dann schrittweise den Zucker hinzufügen. Schlagen, bis die Mischung fest und glänzend ist. Das Glyzerin und den Zitronensaft (nach Belieben) hinzugeben und ca. 5 Minuten weiterschlagen, bis die Mischung sehr fest ist und beim Herausheben der Schneebesen Spitzen zieht.

5 Die Glasur mit ca. 1 TL Wasser verrühren. Testen Sie die Beschaffenheit der Eiweißglasur, indem Sie mit dem Messer hineinschneiden und zählen, bis sich der Schnitt wieder schließt. Sollten Sie länger zählen müssen als bis 15, wird nochmals etwas Wasser zugegeben.

6 Die Glasur auf drei Schüsseln aufteilen und jeweils mit den verschiedenen Lebensmittelfarben färben. Je 4 Cupcakes mit einer Glasur bedecken und mit Zuckerstreuseln bestreuen.

7 In jeden Cupcake eine Kerze stecken und die Kuchen auf einer Platte oder einem Tablett anrichten.

Nährwertangaben: Energie 194 kcal/814 kJ; Protein 2 g; Kohlenhydrate 27 g – davon 20 g Zucker; Fett 9 g – davon 5 g gesättigt; Cholesterin 60 mg; Kalzium 44 mg; Ballaststoffe 0 g; Natrium 109 mg

Leuchtende Farben, Kerzen und Fähnchen machen so richtig Geburtstagsstimmung! Uns gefielen gepunktete Kerzen besonders gut, aber sie sind in einer Vielzahl an Formen, von Nummern und Buchstaben bis hin zu Dinosauriern und Schmetterlingen, erhältlich. Stimmen Sie die Anzahl der Kerzen auf das Alter des Kindes ab. Für die restlichen Kuchen können Sie Fähnchen verwenden oder eine individuelle Kuchendekoration herstellen, beispielsweise mit ausgedruckten Lieblingsbildern, die Sie um Zahnstocher herumkleben.

Tipp

Wenn Sie den Löffel
vorher in heißem Wasser
anwärmen, können
Sie den Sirup besser
abmessen.

OSTER-CUPCAKES
MIT SCHOKO-NESTERN

Bei diesen Schokoladen-Cupcakes kommen zwei beliebte Oster-Naschereien zusammen: knusprige Schokoladen-Nester und Mini-Schokoladeneier. Dieses Rezept enthält Zartbitterschokolade, aber wenn Ihre Kinder Milchschokolade bevorzugen, können Sie die Zartbitterschokolade auch zur Hälfte durch Milchschokolade ersetzen.

➥ FÜR 12 STÜCK

90 g Mehl
1 TL Backpulver
30 g Kakao
120 g weiche Butter
120 g Rohrzucker
2 Eier
1 – 2 EL Milch

FÜR DIE DEKORATION

100 g Zartbitterschokolade
1 EL Zuckerrübensirup (oder Maissirup)
1 EL weiche Butter
80 g Cornflakes oder Reiscrispies
36 Mini-Schokoladeneier (ca. 150 g)

1 Den Backofen auf 180 °C vorheizen. Ein Muffinblech mit Cupcake-Förmchen auslegen. Das Mehl, das Backpulver und den Kakao mischen, sieben und beiseitestellen.

2 Die Butter einige Minuten cremig rühren. Den Zucker hinzugeben und weiterschlagen, bis die Mischung leicht und locker ist und eine blasse Farbe hat. Die Eier verquirlen und schrittweise unter kräftigem Rühren zur Butter-Zucker-Mischung hinzufügen. Zum Schluss 1 TL Mehl einrühren, damit die Masse nicht gerinnt. Die Mehlmischung unterheben, dann nach und nach so viel Milch hinzugeben, bis der Teig schwer vom Löffel reißt.

3 Den Teig in die Förmchen füllen. Im Backofen 20 – 25 Minuten backen, bis die Kuchen aufgegangen und leicht gebräunt sind und bei leichtem Druck auf die Oberfläche etwas nachgeben. Im Muffinblech auskühlen lassen, dann herausnehmen und auf einem Kuchengitter vollständig abkühlen lassen.

4 Für die Dekoration die Schokolade, den Sirup und die Butter in der Mikrowelle bei niedriger Temperatur oder in einer Schüssel im Wasserbad schmelzen. Die Cornflakes oder Reiscrispies langsam in die geschmolzene Mischung einrühren. Die Mischung auf den Cupcakes verteilen. Eine Vertiefung in der Mitte von jedem Nest drücken und je drei Eier hineinlegen. Kühlen, bis die Nester fest geworden sind.

Nährwertangaben: Energie 279 kcal/1168 kJ; Protein 4 g; Kohlenhydrate 29 g – davon 23 g Zucker; Fett 17 g – davon 10 g gesättigt; Cholesterin 68 mg; Kalzium 75 mg; Ballaststoffe 0 g; Natrium 150 mg

Bei der Dekoration dieser gruseligen Red-Velvet-Cupcakes können Sie ruhig etwas übertreiben. Wir haben sie mit Messern und Augäpfeln verziert und großzügig mit Himbeerkonfitüren-Blut bespritzt. Sie können aber auch Fledermäuse oder Grabsteine als Dekorationen einsetzen, die aus grauem Fondant ausgeschnitten werden. Die Messer sollten eine Stunde trocknen, bevor sie auf die Cupcakes gesetzt werden.

HALLOWEEN-CUPCAKES

Variation

Falls Ihr Kind keinen Frischkäse mag, können Sie eine Vanille-Buttercreme verwenden.

➡ FÜR 12 STÜCK

90 g Mehl
1 TL Backpulver
10 g Kakao
120 g weiche Butter
120 g Streuzucker (extrafein)
2 Eier
½ TL Vanilleextrakt
rotes Lebensmittelfarbgel
1 – 2 EL Milch

FÜR DIE DEKORATION

40 g weiche Butter
120 g kalter Frischkäse
250 g Puderzucker
150 g weißer Rollfondant
Lebensmittelfarbgel (schwarz und blau)
roter Lebensmittelfarbstift
1 – 2 EL Himbeerkonfitüre

Tipp

Geben Sie die Lebensmittelfarbe am besten vor dem Mehl in den Teig. So müssen Sie weniger rühren, wodurch die Kuchen besser aufgehen.

1 Den Backofen auf 180 °C vorheizen. Ein Muffinblech mit Cupcake-Förmchen auslegen. Das Mehl, das Backpulver und den Kakao mischen, sieben und beiseitestellen.

2 Die Butter einige Minuten cremig rühren. Den Zucker hinzugeben und weiterschlagen, bis die Mischung leicht und locker ist und eine blasse Farbe hat. Die Eier verquirlen und mit dem Vanilleextrakt vermischen, schrittweise unter kräftigem Rühren zur Butter-Zucker-Mischung hinzufügen. Zum Schluss 1 TL Mehl einrühren, damit die Masse nicht gerinnt. Nach und nach die rote Lebensmittelfarbe hinzugeben, bis der Teig eine kräftige, rote Farbe hat. Die Mehlmischung unterheben, dann nach und nach so viel Milch hinzugeben, bis der Teig schwer vom Löffel reißt.

3 Den Teig in die Förmchen füllen. Im Backofen 20 – 25 Minuten backen, bis die Kuchen aufgegangen und leicht gebräunt sind und bei leichtem Druck auf die Oberfläche etwas nachgeben. Im Muffinblech auskühlen lassen, dann herausnehmen und auf einem Kuchengitter vollständig abkühlen lassen.

4 Für die Dekoration die Butter einige Minuten schlagen, bis sie cremig ist und eine blasse Farbe hat. Den Frischkäse abtropfen lassen und mit der Butter schlagen, bis alles gut vermischt ist. Nicht zu viel rühren! Den Puderzucker sieben und die Hälfte davon hinzugeben. Alles schlagen, bis es gut vermischt ist. Dann den restlichen Zucker einrühren. Die Creme vor der weiteren Verarbeitung kühlen.

5 Ein Viertel des Fondants mit der schwarzen Lebensmittelfarbe hellgrau färben. Ein weiteres Viertel schwarz färben. 6 graue Klingen mit Schäften modellieren. Die Schäfte anfeuchten und etwas schwarzen Fondant darum herumlegen, um einen Griff zu formen. Die Messer sollten insgesamt ca. 6 cm lang sein. Beiseitestellen und trocknen lassen. Den übrigen Fondant aufbewahren.

6 Für das Formen der Augäpfel eine kleine Kugel aus dem weißen Fondant (ca. 10 g) zurückbehalten. Aus dem Rest 3 Kugeln von ca. 2,5 cm Durchmesser formen und in 2 Hälften teilen. Die zurückbehaltene Kugel mit der Lebensmittelfarbe blau färben, dann 1 cm dick ausrollen und davon 6 Scheiben abschneiden. Den aufbewahrten schwarzen Fondant dünn ausrollen und 6 Scheiben abschneiden, die kleiner sind als die blauen. Die unteren Seiten der Scheiben anfeuchten und zusammenkleben. Die Pupillen auf die Halbkugeln kleben und mit dem roten Lebensmittelfarbstift Adern aufzeichnen. Beiseitestellen und trocknen lassen.

7 Mit einer großen Sterntülle etwas Buttercreme auf die Cupcakes aufspritzen oder den Belag mit einem Messer auftragen. Die Himbeerkonfitüre durch ein Sieb streichen und jeweils einen kleinen Klecks als Blut daraufgeben. Die Augäpfel und Messer auf den Cupcakes platzieren.

Nährwertangaben: Energie 348 kcal/1461 kJ; Protein 3 g; Kohlenhydrate 50 g – davon 44 g Zucker; Fett 17 g – davon 10 g gesättigt; Cholesterin 76 mg; Kalzium 49 mg; Ballaststoffe 0 g; Natrium 164 mg

WEIHNACHTS-CUPCAKES

Tipp

Um die Zuckerperlen auf den Bäumchen zu verteilen, verwendet man am besten eine Pinzette.

Diese Cupcakes werden mit weißer Schokolade und kleinen grünen Buttercreme-Weihnachtsbäumchen dekoriert. Wenn Ihnen ein schneebedeckter Wald lieber ist, sollten Sie die Buttercreme ungefärbt lassen. Wir haben zum Dekorieren silberne Zuckerperlen und -sterne verwendet, aber auch andere, farbenfrohe Süßigkeiten sind denkbar.

➔ FÜR 12 STÜCK

120 g Mehl
1 TL Backpulver
120 g weiche Butter
120 g Streuzucker (extrafein)
2 Eier
½ TL Vanilleextrakt
80 g weiße Schokoladensplitter
1–2 EL Milch

FÜR DIE DEKORATION

120 g weiche Butter
230 g Puderzucker
1 TL Vanilleextrakt
1–2 TL Milch
grünes Lebensmittelfarbgel
Zuckerperlen
12 Zuckersterne
essbarer Glitzer

1 Den Backofen auf 180 °C vorheizen. Ein Muffinblech mit Cupcake-Förmchen auslegen. Das Mehl mit dem Backpulver mischen, sieben und beiseitestellen.

2 Die Butter einige Minuten cremig rühren. Den Zucker hinzugeben und weiterschlagen, bis die Mischung leicht und locker ist und eine blasse Farbe hat. Die Eier verquirlen und mit dem Vanilleextrakt vermischen, schrittweise unter kräftigem Rühren zur Butter-Zucker-Mischung hinzufügen. Zum Schluss 1 TL Mehl einrühren, damit die Masse nicht gerinnt.

3 Das Mehl und die Schokoladensplitter unterheben, dann nach und nach so viel Milch einrühren, bis der Teig schwer vom Löffel reißt.

4 Den Teig in die Förmchen füllen. Im Backofen 20–25 Minuten backen, bis die Kuchen aufgegangen und leicht gebräunt sind und bei leichtem Druck auf die Oberfläche etwas nachgeben. Im Muffinblech auskühlen lassen, dann herausnehmen und auf einem Kuchengitter vollständig abkühlen lassen.

5 Für die Dekoration die Butter einige Minuten schlagen, bis sie cremig ist und eine blasse Farbe hat. Den Puderzucker sieben und schrittweise unter Rühren hinzugeben. Den Vanilleextrakt einrühren und teelöffelweise so viel Milch hinzugeben, bis der Belag geschmeidig ist und sich mit dem Spritzbeutel gut aufspritzen lässt.

6 Eine dünne Schicht Buttercreme auf den Cupcakes verteilen. Die restliche Buttercreme grün färben.

7 Mit einem Spritzbeutel mit Sterntülle auf alle Cupcakes grüne Weihnachtsbäumchen aus Buttercreme aufspritzen. Mit kleinen Zuckerperlen verzieren und jeden Baum mit einem Stern krönen. Die Cupcakes mit essbarem Glitzer bestreuen.

Nährwertangaben: Energie 334 kcal/1399 kJ; Protein 3 g; Kohlenhydrate 41 g – davon 33 g Zucker; Fett 19 g – davon 11 g gesättigt; Cholesterin 81 mg; Kalzium 63 mg; Ballaststoffe 0 g; Natrium 175 mg

GLÜCKSSTERN-CUPCAKES

Was auch immer es zu feiern gibt – diese wunderschönen Cupcakes mit hellblauem italienischem Baiser passen einfach wunderbar! Die Cupcakes sollten am besten am Tag der Herstellung verzehrt werden. Bei diesem Rezept wird heißer Zuckersirup in das Eiweiß geschlagen, wodurch es eine besondere Festigkeit erlangt. Nach Belieben können Sie die Cupcakes auch mit einer Buttercreme dekorieren.

 **FÜR 12 STÜCK**

120 g Mehl
1 TL Backpulver
120 g weiche Butter
120 g Streuzucker (extrafein)
2 Eier
1 TL Vanilleextrakt
1–2 EL Milch

FÜR DIE DEKORATION

120 g Streuzucker (extrafein)
90 ml Wasser
2 Eiweiß
blaues Lebensmittelfarbgel
essbare Sterne
silberne Zuckerperlen
12 Kerzen

1 Den Backofen auf 180 °C vorheizen. Ein Muffinblech mit Cupcake-Förmchen auslegen. Das Mehl mit dem Backpulver mischen, sieben und beiseitestellen.

2 Die Butter einige Minuten cremig rühren. Den Zucker hinzugeben und weiterschlagen, bis die Mischung leicht und locker ist und eine blasse Farbe hat.

3 Die Eier verquirlen und mit dem Vanilleextrakt vermischen, schrittweise unter Rühren zur Butter–Zucker-Mischung hinzufügen. Zum Schluss 1 TL Mehl einrühren, damit die Masse nicht gerinnt.

4 Das Mehl unterheben, dann nach und nach so viel Milch hinzugeben, bis der Teig schwer vom Löffel reißt.

5 Den Teig in die Förmchen füllen. Im Backofen 20–25 Minuten backen, bis die Kuchen aufgegangen und leicht gebräunt sind und bei leichtem Druck auf die Oberfläche etwas nachgeben. Im Muffinblech auskühlen lassen, dann herausnehmen und auf einem Kuchengitter vollständig abkühlen lassen.

6 Für die Dekoration den Zucker und das Wasser in eine kleine Pfanne geben und langsam erhitzen, bis sich der Zucker ganz aufgelöst hat. Die Hitze erhöhen und den Sirup ohne zu rühren kochen, bis die Temperatur der Mischung auf einem Zuckerthermometer 119 °C erreicht hat oder bis ein kleiner Siruptropfen in einem Glas mit kaltem Wasser eine weiche Kugel bildet.

7 Das Eiweiß mit einem elektrischen Handrührgerät steif schlagen. Den Sirup seitlich in die Schüssel gießen und ohne Unterbrechung weiterschlagen, bis die Mischung fest und glänzend ist. Der Sirup sollte beim Einfließenlassen in das Eiweiß nicht an Temperatur verloren haben. Einige Tropfen blaue Lebensmittelfarbe hineingeben und den Belag hellblau färben. Die Mischung dann mit einem Löffel in einen Spritzbeutel mit großer Sterntülle füllen und in Rosettenform aufspritzen.

8 Mit Sternen und Streuseln verzieren und jeweils eine Kerze in jeden Cupcake stecken.

Nährwertangaben: Energie 196 kcal/822 kJ; Protein 3 g; Kohlenhydrate 28 g – davon 20 g Zucker; Fett 9 g – davon 5 g gesättigt; Cholesterin 60 mg; Kalzium 45 mg; Ballaststoffe 0 g; Natrium 119 mg

CHINESISCHER NEUJAHRSDRACHE

In China feiert man das Neujahrsfest traditionell mit einem Drachentanz, bei dem der Drache an Stöcken befestigt über den Köpfen der Zuschauer schwebt. Bei unseren Cupcakes gibt das Mandel-Zitronen-Aroma dem freundlichen Drachen den passenden chinesischen Geschmack. Backen Sie die Kuchen in glänzenden oder goldenen Papierbackförmchen, damit sie chinesisch anmuten.

➼ FÜR 12 STÜCK

80 g Mehl
1 TL Backpulver
120 g weiche Butter
120 Streuzucker (extrafein)
2 Eier
¼ TL Mandelextrakt
50 g gemahlene Mandeln
1 TL unbehandelter Zitronenabrieb
1–2 EL Zitronensaft

FÜR DIE DEKORATION

450 g weißer Rollfondant
Lebensmittelfarbgel (gelb und rot)
schwarze und rote Glasur oder Zuckerschrift in der Tube
120 g weiche Butter
230 g Puderzucker
1–2 TL Zitronensaft
essbarer Glitzer (gold und rot)

1 Den Backofen auf 180 °C vorheizen. Ein Muffinblech mit Cupcake-Förmchen auslegen. Das Mehl und das Backpulver mischen, sieben und beiseitestellen.

2 Die Butter einige Minuten cremig rühren. Den Zucker hinzugeben und weiterschlagen, bis die Mischung leicht und locker ist und eine blasse Farbe hat. Die Eier verquirlen und mit dem Mandelextrakt verrühren, schrittweise unter kräftigem Rühren zur Butter-Zucker-Mischung hinzufügen. Zum Schluss 1 TL Mehl einrühren, damit die Masse nicht gerinnt. Das Mehl, die Mandeln und den Zitronenabrieb unterheben. Nach und nach so viel Zitronensaft hinzufügen, bis der Teig schwer vom Löffel reißt.

3 Den Teig in die Förmchen füllen. Im Backofen 20–25 Minuten backen, bis die Kuchen aufgegangen und leicht gebräunt sind und bei leichtem Druck auf die Oberfläche etwas nachgeben. Im Muffinblech auskühlen lassen, dann herausnehmen und auf einem Kuchengitter vollständig abkühlen lassen.

4 Für die Dekoration etwa 50 g weißen Fondant abtrennen und in Klarsichtfolie packen. Den restlichen Fondant in zwei Hälften teilen, eine Portion gelb und die andere rot färben.

5 Mit dem roten Fondant den Schwanz und den Kopf (etwa in der Form eines kleinen Ziegelsteins mit runden Ecken) formen. Einen Mund in den Kopf schneiden und etwas weißen Fondant einbringen. Mit einem scharfen Messer die Zähne einritzen. Mit dem weißen Fondant die Augen modellieren, am Kopf ankleben und mit der schwarzen Zuckerschrift Pupillen aufbringen. Den gelben Fondant ausrollen und 10 Schuppen für die Dekoration der Cupcakes ausschneiden. Zusätzliche Dekorationen zum Verzieren von Kopf und Schwanz formen und zum Trocknen beiseitestellen.

6 Die Butter ein paar Minuten rühren, bis sie cremig ist und eine blasse Farbe hat. Den Puderzucker sieben und schrittweise unter Rühren hinzugeben. Nach und nach so viel Zitronensaft einrühren, bis die Buttercreme geschmeidig ist und sich gut mit dem Spritzbeutel aufspritzen lässt. Die Creme mit Lebensmittelfarbe rot färben und in einen Spritzbeutel mit Sterntülle geben. Auf jeden Cupcake Buttercreme aufspritzen.

7 Die Schuppen sowie Kopf und Schwanz auf den Cupcakes platzieren. Mit roter Zuckerschrift die Linien auf den Schuppen aufmalen. Die Cupcakes mit essbarem Glitzer bestreuen. Die Kuchen in einer Schlangenlinie arrangieren, mit Kopf und Schwanz an den Enden.

Nährwertangaben: Energie 444 kcal/1869 kJ; Protein 3 g; Kohlenhydrate 69 g – davon 64 g Zucker; Fett 19 g – davon 10 g gesättigt; Cholesterin 81 mg; Kalzium 50 mg; Ballaststoffe 1 g; Natrium 206 mg

MÄRCHEN-
stunde

MÄRCHEN-PRINZESSINNEN-CUPCAKES

Variation

Anstatt gefriergetrockneter Himbeeren können Sie beim Befüllen der Backförmchen jeweils 1 TL Himbeer-marmelade in die Teigmitte geben.

Kleine Mädchen lieben diese perfekten Cupcakes!

Als besondere Überraschung enthalten sie im Teig köstliche Himbeerstückchen. Bei Krönchen, Zuckerperlen, Glitzer und Zuckerblumen kommen kleine Prinzessinnen voll auf ihre Kosten.

➡ FÜR 12 STÜCK

120 g Mehl
1 TL Backpulver
120 g weiche Butter
120 g Streuzucker (extrafein)
2 Eier
1 TL Vanilleextrakt
4 EL gefriergetrocknete Himbeeren (zerkrümelt, falls ganze Früchte)
1–2 EL Milch

FÜR DIE DEKORATION

120 g weißer Rollfondant
Lebensmittelfarbgel (gelb und violett)
rote oder weiße Glasur oder Zuckerschrift in der Tube
Zuckerperlen (nach Belieben)
120 g weiche Butter
230 g Puderzucker
1–2 TL Zitronensaft
kleine Zuckerblumen
essbarer Glitzer

1 Den Backofen auf 180 °C vorheizen. Ein Muffinblech mit Cupcake-Förmchen auslegen. Das Mehl mit dem Backpulver mischen, sieben und beiseitestellen.

2 Die Butter einige Minuten cremig rühren. Den Zucker hinzugeben und weiterschlagen, bis die Mischung leicht und locker ist und eine blasse Farbe hat. Die Eier verquirlen und mit dem Vanilleextrakt vermischen, schrittweise unter kräftigem Rühren zur Butter-Zucker-Mischung hinzufügen. Zum Schluss 1 TL Mehl einrühren, damit die Masse nicht gerinnt. Das Mehl mit den gefriergetrockneten Himbeeren unterheben. Nach und nach so viel Milch hinzugeben, bis der Teig schwer vom Löffel reißt.

3 Den Teig in die Förmchen füllen. Im Backofen 20–25 Minuten backen, bis die Kuchen aufgegangen und leicht gebräunt sind und bei leichtem Druck auf die Oberfläche etwas nachgeben. Im Muffinblech auskühlen lassen, dann herausnehmen und auf einem Kuchengitter vollständig abkühlen lassen.

4 Für die Krönchen den Fondant mit Lebensmittelfarbe gelb färben. Ausrollen und Streifen in 7,5 cm Länge und 2,5 cm Breite ausschneiden. Entlang eines Rands mehrfach einschneiden und daraus Kronen formen. Die Spitzen nach außen biegen und mit einem Klecks roter Zuckerschrift verzieren oder damit je eine Zuckerperle aufkleben. Zum Trocknen beiseitestellen.

5 Die Butter ein paar Minuten rühren, bis sie cremig ist und eine blasse Farbe hat. Den Puderzucker sieben und schrittweise unter Rühren hinzufügen. Mit dem Zitronensaft eine geschmeidige Buttercreme herstellen.

6 Die Buttercreme mit ein paar Tropfen Lebensmittelfarbe hellviolett färben. Mit einem Spritzbeutel mit großer Sterntülle die Buttercreme auf die Cupcakes aufspritzen. Auf jeden Kuchen eine Krone setzen und mit Zuckerblumen, -perlen und Glitzer verzieren.

Nährwertangaben: Energie 269 kcal/1125 kJ; Protein 2 g; Kohlenhydrate 29 g – davon 21 g Zucker; Fett 17 g – davon 10 g gesättigt; Cholesterin 81 mg; Kalzium 47 mg; Ballaststoffe 1 g; Natrium 169 mg

PIRATEN-CUPCAKES

Alles bereit für ein rauschendes Piraten-Fest? Fruchtige Zitronen-Rosinen-Cupcakes werden hier mit Royal Icing und Piratenmotiven aus Fondant verziert. Gut eignen sich Piratengesichter und Totenköpfe, Sie können sich aber auch an Piratenhüten, Haken, Entermessern und sogar an dem einen oder anderen komischen Papagei versuchen.

➡ FÜR 12 STÜCK

120 g Mehl
1 TL Backpulver
120 g weiche Butter
115 g Streuzucker (extrafein)
2 Eier
1 TL unbehandelter Zitronenabrieb
75 g Rosinen
1 – 2 EL Zitronensaft

FÜR DIE DEKORATION

120 g Puderzucker
½ Eiweiß (ca. 17 g oder 1 EL)
½ TL Glyzerin
½ TL Zitronensaft (nach Belieben)
1 – 1½ TL Wasser
250 g weißer Rollfondant
Lebensmittelfarbgel (schwarz und blau)
schwarze und rote Glasur oder
 Zuckerschrift in der Tube

1 Den Backofen auf 180 °C vorheizen. Ein Muffinblech mit Cupcake-Förmchen auslegen. Das Mehl mit dem Backpulver mischen, sieben und beiseitestellen.

2 Die Butter einige Minuten cremig rühren. Den Zucker hinzugeben und weiterschlagen, bis die Mischung leicht und locker ist und eine blasse Farbe hat. Die Eier verquirlen und schrittweise unter kräftigem Rühren zur Butter-Zucker-Mischung geben. Zum Schluss 1 TL Mehl einrühren, damit die Masse nicht gerinnt. Das Mehl, den Zitronenabrieb und die Rosinen unterheben. Nach und nach so viel Zitronensaft hinzufügen, bis der Teig schwer vom Löffel reißt.

3 Den Teig in die Förmchen füllen. Im Backofen 20 – 25 Minuten backen, bis die Kuchen aufgegangen und leicht gebräunt sind und bei leichtem Druck auf die Oberfläche etwas nachgeben. Im Muffinblech auskühlen lassen, dann herausnehmen und auf einem Kuchengitter vollständig abkühlen lassen.

4 Für die Dekoration den Puderzucker sieben und beiseitestellen. Das Eiweiß mit einem elektrischen Handrührgerät schaumig schlagen, dann schrittweise den Zucker hinzufügen und die Mischung steif schlagen. Das Glyzerin und den Zitronensaft (nach Belieben) hinzugeben und das Eiweiß ca. 5 Minuten lang sehr fest schlagen, bis es beim Herausheben der Schneebesen Spitzen zieht.

5 1 EL Glasur in einen Spritzbeutel mit einer großen, runden Tülle füllen. 1 TL Wasser in die restliche Glasur rühren. Testen Sie die Beschaffenheit der Eiweißglasur, indem Sie mit dem Messer hineinschneiden und zählen, bis sich der Schnitt wieder schließt. Sollten Sie länger zählen müssen als bis 15, wird nochmals etwas Wasser zugegeben. Die Glasur auf den Cupcakes verteilen.

6 Eine Hälfte des Fondants schwarz, die andere blau färben. Den schwarzen Fondant länglich ausrollen und daraus 12 Knochen sowie 6 Totenköpfe formen. Mit Augen, Nasen und Mündern verzieren und 6 Cupcakes mit Totenköpfen und Knochen dekorieren. Den übrigen schwarzen Fondant aufheben.

7 Den blauen Fondant ausrollen und 3 Kreise in der Größe der Cupcakes-Oberflächen ausschneiden, dann für die Piratenkopftücher jeweils in zwei Hälften teilen. 6 Augenklappen und 6 Schnurrbärte aus dem restlichen schwarzen Fondant modellieren und beiseitestellen. Die Gesichter zusammensetzen und mit der Glasur im Spritzbeutel weiße Punkte auf die Kopftücher aufspritzen. Augen und Bänder der Augenklappen mit dem schwarzen und Münder mit der roten Zuckerschrift aufmalen.

Nährwertangaben: Energie 282 kcal/1189 kJ; Protein 3 g; Kohlenhydrate 51 g – davon 43 g Zucker; Fett 9 g – davon 5 g gesättigt; Cholesterin 60 mg; Kalzium 47 mg; Ballaststoffe 1 g; Natrium 118 mg

SUPERHELDEN-CUPCAKES

Jeder hat seinen eigenen Lieblings-Superhelden, dessen Maske nicht unbedingt rot, blau oder gelb sein muss, wie wir sie hier gestaltet haben. Sie können mit der gleichen Technik natürlich jede beliebige Superhelden-Maske herstellen.

➪ FÜR 12 STÜCK

120 g Mehl
1 TL Backpulver
120 g weiche Butter
120 g Streuzucker (extrafein)
2 Eier
1 TL Vanilleextrakt
1–2 EL Milch

FÜR DIE DEKORATION

120 g Puderzucker
½ Eiweiß (ca. 17 g oder 1 EL)
½ TL Glyzerin
½ TL Zitronensaft (nach Belieben)
1–1½ TL Wasser
Lebensmittelfarbgel (hellblau, gelb, grün, dunkelblau, rot)
180 g weißer Rollfondant

1 Den Backofen auf 180 °C vorheizen. Ein Muffinblech mit Cupcake-Förmchen auslegen. Das Mehl mit dem Backpulver mischen, sieben und beiseitestellen.

2 Die Butter einige Minuten cremig rühren. Den Zucker hinzugeben und weiterschlagen, bis die Mischung leicht und locker ist und eine blasse Farbe hat.

3 Die Eier verquirlen und mit dem Vanilleextrakt vermischen, schrittweise unter kräftigem Rühren zur Butter-Zucker-Mischung hinzufügen. Zum Schluss 1 TL Mehl einrühren, damit die Masse nicht gerinnt.

4 Das Mehl unterheben, dann nach und nach so viel Milch hinzufügen, bis der Teig schwer vom Löffel reißt.

5 Den Teig in die Förmchen füllen. Im Backofen 20–25 Minuten backen, bis die Kuchen aufgegangen und leicht gebräunt sind und bei leichtem Druck auf die Oberfläche etwas nachgeben. Im Muffinblech auskühlen lassen, dann herausnehmen und auf einem Kuchengitter vollständig abkühlen lassen.

6 Für die Dekoration den Puderzucker sieben und beiseitestellen. Das Eiweiß mit einem elektrischen Handrührgerät schaumig schlagen, dann schrittweise den Zucker hinzufügen. Schlagen, bis die Mischung steif und glänzend ist. Das Glyzerin und den Zitronensaft (nach Belieben) hinzugeben. Ca. 5 Minuten weiterschlagen, bis die Mischung sehr fest ist und beim Herausheben der Schneebesen Spitzen zieht.

7 1 TL Wasser in die Glasur rühren. Testen Sie die Beschaffenheit der Eiweißglasur, indem Sie mit dem Messer hineinschneiden und zählen, bis sich der Schnitt wieder schließt. Sollten Sie länger zählen müssen als bis 15, wird nochmals etwas Wasser zugegeben. Die Glasur in drei Portionen aufteilen. Eine Portion hellblau färben, eine gelb, den Rest grün. Je 4 Cupcakes mit einer Farbe glasieren.

8 Den Fondant in zwei große Stücke und ein kleines Stück teilen. Das kleinere Stück dunkelblau färben und die anderen beiden gelb und rot. Ausrollen und 4 Masken aus dem dunkelblauen Fondant ausschneiden. Den roten Fondant ausrollen und 4 Masken, 4 kleine Sterne und 8 Blitze ausschneiden. Den gelben Fondant ausrollen und 4 Masken, 8 kleine Sterne und 4 Blitze ausschneiden.

9 Die Cupcakes in interessanten Farbkontrasten mit den Masken und der Glasur verzieren. Mit Sternen und Blitzen dekorieren.

Nährwertangaben: Energie 244 kcal/1030 kJ; Protein 2 g; Kohlenhydrate 41 g – davon 33 g Zucker; Fett 9 g – davon 5 g gesättigt; Cholesterin 60 mg; Kalzium 45 mg; Ballaststoffe 0 g; Natrium 116 mg

AUTO- UND LKW-CUPCAKES

Wenn Sie einen echten Fahrzeugfan im Haus haben, sollten Sie unbedingt diese fantastischen Cupcakes backen – am besten mit ihm oder ihr zusammen! Wenn ein Geburtstag ansteht, spritzen Sie einfach das Alter des Kindes als Zahl auf die Fahrzeuge auf.

➡ FÜR 12 STÜCK

120 g Mehl
1 TL Backpulver
120 g weiche Butter
120 g Streuzucker (extrafein)
2 Eier
1 EL unbehandelter Orangenabrieb
1 – 2 EL Orangensaft

FÜR DIE DEKORATION

120 g Puderzucker
½ Eiweiß (ca. 17 g oder 1 EL)
½ TL Glyzerin
1 TL Zitronensaft (nach Belieben)
1 – 1½ TL Wasser
Lebensmittelfarbgel (schwarz, blau, rot,
 gelb, grün und rosa)
250 g weißer Rollfondant

1 Den Backofen auf 180 °C vorheizen. Ein Muffinblech mit Cupcake-Förmchen auslegen. Das Mehl mit dem Backpulver mischen, sieben und beiseitestellen.

2 Die Butter einige Minuten cremig rühren. Den Zucker hinzugeben und weiterschlagen, bis die Mischung leicht und locker ist und eine blasse Farbe hat. Die Eier verquirlen und schrittweise unter kräftigem Rühren zur Butter-Zucker-Mischung hinzufügen. Zum Schluss 1 TL Mehl einrühren, damit die Masse nicht gerinnt. Das Mehl und den Orangenabrieb unterheben. Nach und nach so viel Orangensaft hinzugeben, bis der Teig schwer vom Löffel reißt.

3 Den Teig in die Förmchen füllen. Im Backofen 20 – 25 Minuten backen, bis die Kuchen aufgegangen und leicht gebräunt sind und bei Berührung nachgeben. Im Muffinblech auskühlen lassen, dann herausnehmen und auf einem Kuchengitter vollständig abkühlen lassen.

4 Für die Dekoration den Puderzucker sieben und beiseitestellen. Das Eiweiß mit einem elektrischen Handrührgerät schaumig schlagen. Schrittweise den Zucker hinzufügen. Schlagen, bis die Mischung dick und glänzend ist. Das Glyzerin und den Zitronensaft (nach Belieben) hinzugeben. Ca. 5 Minuten weiterschlagen, bis die Mischung sehr steif ist und beim Herausheben der Schneebesen Spitzen zieht.

5 1 EL Glasur abnehmen, abdecken und beiseitestellen. 1 TL Wasser in die übrige Glasur geben und die Beschaffen-heit testen, indem Sie mit dem Messer hineinschneiden und zählen, bis sich der Schnitt wieder schließt. Sollten Sie länger zählen müssen als bis 15, wird nochmals etwas Wasser zugegeben. Die Glasur mit Lebensmittelfarbe blau-grau färben. Die Cupcakes glasieren.

6 Ein walnussgroßes Stück des weißen Fondants zurückbehalten, den Rest in 6 Stücke aufteilen und die Portionen mit Lebensmittelfarbe rot, blau, gelb, grün, rosa und schwarz färben. Den schwarzen Fondant beiseitestellen und mit den anderen Stücken verschiedene Autos und Lastwagen formen. Aus dem schwarzen Fondant die Reifen modellieren. Den weißen Fondant dünn ausrollen und daraus Windschutzscheiben ausschneiden und auf die Fahrzeuge kleben. Bei den Rennwagen die Felgen der Reifen einritzen oder auf den Rädern der Lastwagen weiße Scheiben anbringen. Aus kleinen weißen oder gelben Fondant-Stücken Scheinwerfer formen und anbringen.

7 Jeden Cupcake mit einem Fahrzeug verzieren und mit der übrigen weißen Glasur mithilfe einer feinen Lochtülle Straßenmarkierungen aufspritzen.

Nährwertangaben: Energie 266 kcal/1114 kJ; Protein 3 g; Kohlenhydrate 46 g – davon 39 g Zucker; Fett 9 g – davon 5 g gesättigt; Cholesterin 60 mg; Kalzium 44 mg; Ballaststoffe 0 g; Natrium 117 mg

ZUCKERBÄCKER-CUPCAKES

Beim Hineinbeißen in diese Cupcakes kommt ein hübscher rosa-weiß marmorierter Kuchenteig zum Vorschein. Suchen Sie einige „altmodische" Süßigkeiten zum Verzieren aus – Geleebonbons, Schokoladenbonbons im Zuckermantel, Brausepulver – und stecken Sie einen Lutscher oder eine kleine Zuckerstange in das Cremehäubchen.

➡ FÜR 12 STÜCK

120 g Mehl
1 TL Backpulver
120 g weiche Butter
120 g Streuzucker (extrafein)
2 Eier
1 TL Vanilleextrakt
1 – 2 EL Milch
rosa Lebensmittelfarbgel

FÜR DIE DEKORATION

120 g weiche Butter
230 g Puderzucker
1 TL Vanilleextrakt
1 – 2 TL Milch
rosa Lebensmittelfarbgel
ca. 180 g gemischte, bunte Süßigkeiten
bunte Zuckerstreusel oder essbarer Glitzer
12 kleine Zuckerstangen oder bunte Lutscher

1 Den Backofen auf 180 °C vorheizen. Ein Muffinblech mit Cupcake-Förmchen auslegen. Das Mehl mit dem Backpulver mischen, sieben und beiseitestellen.

2 Die Butter einige Minuten cremig rühren. Den Zucker hinzugeben und weiterschlagen, bis die Mischung leicht und locker ist und eine blasse Farbe hat. Die Eier verquirlen und mit dem Vanilleextrakt vermischen, schrittweise unter kräftigem Rühren zur Butter-Zucker-Mischung hinzufügen. Zum Schluss 1 TL Mehl einrühren, damit die Masse nicht gerinnt. Das Mehl unterheben, dann nach und nach so viel Milch hinzugeben, bis der Teig schwer vom Löffel reißt.

3 Die Hälfte des Teiges in eine andere Schüssel geben und mit Lebensmittelfarbe kräftig rosa färben. In die Förmchen jeweils 1 TL rosafarbenen Teig, dann 1 TL normalen Teig füllen, bis alles aufgebraucht ist. Im Backofen 20 – 25 Minuten backen, bis die Kuchen aufgegangen und leicht gebräunt sind und bei leichtem Druck auf die Oberfläche etwas nachgeben. Im Muffinblech auskühlen lassen, dann herausnehmen und auf einem Kuchengitter vollständig abkühlen lassen.

4 Für die Dekoration die Butter ein paar Minuten rühren, bis sie cremig ist und eine blasse Farbe hat. Den Puderzucker sieben und schrittweise unter Rühren hinzugeben. Den Vanilleextrakt einrühren, dann so viel von der Milch hinzufügen, bis die Buttercreme geschmeidig ist und sich gut mit dem Spritzbeutel aufspritzen lässt. Mit der Lebensmittelfarbe rosa färben. Den Belag auf den Cupcakes verteilen oder aufspritzen, dann mit Süßigkeiten, Zuckerstreuseln oder essbarem Glitzer dekorieren und eine Zuckerstange oder einen Lutscher hineinstecken.

Nährwertangaben: Energie 319 kcal/1464 kJ; Protein 3 g; Kohlenhydrate 49 g – davon 38 g Zucker; Fett 17 g – davon 10 g gesättigt; Cholesterin 81 mg; Kalzium 48 mg; Ballaststoffe 0 g; Natrium 173 mg

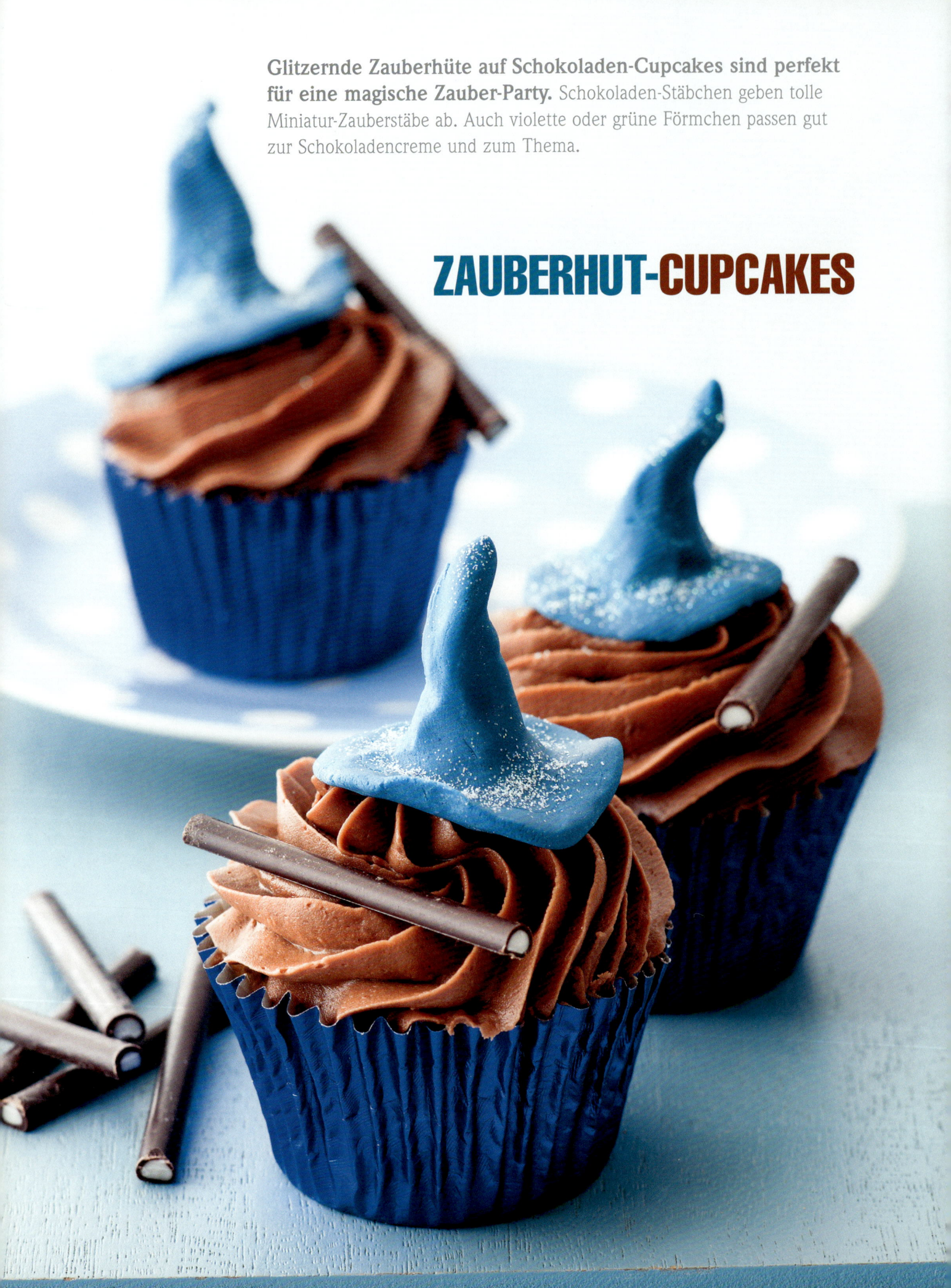

Glitzernde Zauberhüte auf Schokoladen-Cupcakes sind perfekt für eine magische Zauber-Party. Schokoladen-Stäbchen geben tolle Miniatur-Zauberstäbe ab. Auch violette oder grüne Förmchen passen gut zur Schokoladencreme und zum Thema.

ZAUBERHUT-CUPCAKES

➡ FÜR 12 STÜCK

90 g Mehl
1 TL Backpulver
30 g Kakao
120 g weiche Butter
120 g Rohrzucker
2 Eier
1–2 TL Milch

FÜR DIE DEKORATION

175 g weißer Rollfondant
blaues Lebensmittelfarbgel
50 g Zartbitterschokolade
120 g weiche Butter
230 g Puderzucker
1–2 TL Milch
goldener, essbarer Glitzer
12 Schokoladenstäbchen

Ein Viertel zu einem hohen, schmalen Kegel formen.

1 Den Backofen auf 180 °C vorheizen. Ein Muffinblech mit Cupcake-Förmchen auslegen. Das Mehl, das Backpulver und das Kakaopulver mischen, sieben und beiseitestellen.

2 Die Butter einige Minuten cremig rühren. Den Zucker hinzugeben und weiterschlagen, bis die Mischung leicht und locker ist und eine blasse Farbe hat.

3 Die Eier verquirlen und schrittweise unter kräftigem Rühren zur Butter-Zucker-Mischung hinzufügen. Zum Schluss 1 TL Mehl einrühren, damit die Masse nicht gerinnt. Die Mehlmischung unterheben, dann nach und nach so viel Milch hinzufügen, bis der Teig schwer vom Löffel reißt.

4 Den Teig in die Förmchen füllen. Im Backofen 20–25 Minuten backen, bis die Kuchen aufgegangen und leicht gebräunt sind und bei leichtem Druck auf die Oberfläche etwas nachgeben. Im Muffinblech auskühlen lassen, dann herausnehmen und auf einem Kuchengitter vollständig abkühlen lassen.

5 Für die Dekoration den Fondant mit der Lebensmittelfarbe blau färben und in drei Stücke aufteilen. Einen Teil etwa 3 mm dick ausrollen, einen 10 cm großen Kreis ausschneiden und den Kreis vierteln. Ein Viertel durch Zusammendrücken der langen Ränder zu einem hohen, schmalen Kegel formen. Danach am unteren Teil eine

Hutkrempe herausdrücken. Auch die restlichen Viertel auf diese Weise zu Hüten formen. Zum Trocknen beiseitestellen.

6 Die Schokolade in der Mikrowelle oder in einer hitzebeständigen Schüssel im Wasserbad schmelzen. Zum Abkühlen beiseitestellen.

7 Die Butter ein paar Minuten rühren, bis sie cremig ist und eine blasse Farbe hat. Den Puderzucker sieben und unter Rühren schrittweise hinzugeben. Die abgekühlte, geschmolzene Schokolade hinzufügen, dann so viel von der Milch einrühren, bis die Creme geschmeidig ist und sich gut mit dem Spritzbeutel aufspritzen lässt.

8 Mit einer großen Sterntülle die Buttercreme aufspritzen. Auf jedes Cremehäubchen einen Hut setzen und mit essbarem Glitzer bestreuen. Als Zauberstab je ein Schokoladenstäbchen hinzufügen (halbiert, falls die Stäbchen zu lang sind).

Nährwertangaben: Energie 396 kcal/1661 kJ; Protein 3 g; Kohlenhydrate 53 g – davon 47 g Zucker; Fett 21 g – davon 13 g gesättigt; Cholesterin 81 mg; Kalzium 61 mg; Ballaststoffe 0 g; Natrium 178 mg

Die Hüte auf die Creme aufsetzen und mit essbarem Glitzer bestreuen.

RAUMFAHRER-CUPCAKES

Bei diesen kosmischen Kuchen funkeln Sterne und Planeten um die Wette. Knallbrause besteht aus kohlensäurehaltigen Zuckerkristallen. Sie sollten sie erst kurz vor dem Servieren auf die Cupcakes streuen, da sie bereits platzt und knallt, sobald sie mit etwas Feuchtem in Berührung kommt.

Mit Knallbrause für tapfere kleine Astronauten.

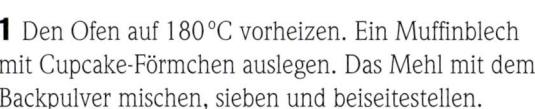

➡ FÜR 12 STÜCK

120 g Mehl
1 TL Backpulver
120 g weiche Butter
120 g Streuzucker (extrafein)
2 Eier
75 g Milchschokolade-Splitter
1 – 2 EL Milch

FÜR DIE DEKORATION

150 g weiche Butter
300 g Puderzucker
1½ TL Vanilleextrakt
2 – 3 TL Milch
dunkelblaues Lebensmittelfarbgel
12 Brauselutscher (möglichst etwas abgeflacht,
  wie eine fliegende Untertasse)
essbare silberne oder goldene Sterne
essbarer Glitzer
10 g Knallbrause

1 Den Ofen auf 180 °C vorheizen. Ein Muffinblech
mit Cupcake-Förmchen auslegen. Das Mehl mit dem
Backpulver mischen, sieben und beiseitestellen.

2 Die Butter schlagen, bis sie cremig ist und eine blasse
Farbe hat. Den Zucker hinzugeben und weiterschlagen,
bis die Mischung locker ist.

3 Die Eier verquirlen und schrittweise unter Rühren
zur Butter-Zucker-Mischung hinzugeben. Zum Schluss
1 TL Mehl einrühren, damit die Masse nicht gerinnt.

4 Das Mehl und die Schokoladensplitter unterheben,
dann nach und nach so viel Milch hinzufügen, bis der
Teig schwer vom Löffel reißt.

5 Den Teig in die Förmchen füllen. Im Backofen
20 – 25 Minuten backen, bis die Kuchen aufgegangen
und leicht gebräunt sind und bei leichtem Druck auf die
Oberfläche etwas nachgeben. Im Muffinblech auskühlen
lassen, dann herausnehmen und auf einem Kuchengitter
vollständig abkühlen lassen.

6 Für die Dekoration die Butter ein paar Minuten rühren, bis sie cremig ist und eine blasse Farbe hat. Den
Puderzucker sieben und schrittweise unter Rühren

hinzugeben. Den Vanilleextrakt und so viel von der
Milch einrühren, bis die Creme geschmeidig ist und sich
gut mit dem Spritzbeutel aufspritzen lässt.

7 Die Buttercreme mit der Lebensmittelfarbe dunkelblau färben. Mit einer großen Sterntülle etwas Buttercreme auf die Cupcakes aufspritzen. Einen Lutscher
in die Kuchen stecken und mit essbaren Sternen und
Glitzer verzieren. Vor dem Servieren mit Knallbrause
bestreuen.

Nährwertangaben: Energie 398 kcal/1669 kJ; Protein 3 g; Kohlenhydrate
51 g – davon 44 g Zucker; Fett 22 g – davon 13 g gesättigt; Cholesterin 88 mg;
Kalzium 63 mg; Ballaststoffe 0 g; Natrium 194 mg

SPIEL UND *Spaß*

PRIMABALLERINA-
CUPCAKES

Rosafarbene Ballettschuhe sind die perfekte Dekoration für diese zauberhaften Cupcakes! Die Kuchen und die Glasur werden mit Rosenwasser aromatisiert, aber auch Vanille- oder Zitronenaroma sind denkbar. Den letzten Schliff erhalten sie durch kleine, hübsche Zuckerblumen.

➤ FÜR 12 STÜCK

120 g Mehl
1 TL Backpulver
120 g weiche Butter
120 g Streuzucker (extrafein)
2 Eier
½–1 TL Rosenwasser
1–2 EL Milch

FÜR DIE DEKORATION

250 g weißer Rollfondant
rosa Lebensmittelfarbe
150 g Puderzucker
2–2½ EL Wasser
2–3 Tropfen Rosenwasser
kleine Zuckerblumen oder -perlen
 (weiß oder rosa)
essbarer Glitzer

Tipp

Rosenwasser hat ein überra-
schend kräftiges Aroma. Sie
sollten es daher nur sparsam
verwenden.

1 Den Ofen auf 180 °C vorheizen. Ein Muffinblech mit Cupcake-Förmchen auslegen. Das Mehl mit dem Back-pulver mischen, sieben und beiseitestellen.

2 Die Butter einige Minuten cremig rühren. Den Zucker hinzugeben und weiterschlagen, bis die Mischung leicht und locker ist und eine blasse Farbe hat.

3 Die Eier verquirlen und mit dem Rosenwasser vermi-schen, schrittweise unter kräftigem Rühren zur Butter-Zucker-Mischung hinzufügen. Zum Schluss 1 TL Mehl einrühren, damit die Masse nicht gerinnt. Das Mehl un-terheben, dann nach und nach so viel Milch hinzufü-gen, bis der Teig schwer vom Löffel reißt.

4 Den Teig in die Förmchen füllen. Im Backofen 20–25 Minuten backen, bis die Kuchen aufgegangen und leicht gebräunt sind und bei leichtem Druck auf die Oberfläche etwas nachgeben. Im Muffinblech auskühlen lassen, dann herausnehmen und auf einem Kuchengitter vollständig abkühlen lassen.

5 Für die Dekoration ein golfballgroßes Stück des wei-ßen Fondants beiseitelegen, und den Rest mit Lebens-mittelfarbe rosa färben. Auch vom rosa Fondant ein golfballgroßes Stück zurücklegen und daraus 24 Ballett-schuhe formen. Aus dem zurückbehaltenen weißen Fondant die Innensohlen modellieren. Die Schuhe paar-weise herstellen und zum Trocknen beiseitestellen.

6 Den Puderzucker sieben und schrittweise unter Rüh-ren teelöffelweise mit Wasser vermischen, bis die Glasur ausreichend dickflüssig ist, um die Cupcakes mit einer weißen, festen Glasurschicht zu überziehen. Kurz be-vor sie die richtige Konsistenz hat, das Rosenwasser einrühren.

7 Je ein Paar Ballettschuhe auf jeden Cupcake setzen und mit Zuckerblumen oder -perlen und Glitzer verzie-ren. Den zurückbehaltenen rosa Fondant ausrollen und Bänder für die Ballettschuhe ausschneiden und ankleben.

Nährwertangaben: Energie 277 kcal/1168 kJ; Protein 2 g; Kohlenhydrate 49 g – davon 42 g Zucker; Fett 9 g – davon 5 g gesättigt; Cholesterin 60 mg; Kalzium 46 mg; Ballaststoffe 0 g; Natrium 116 mg

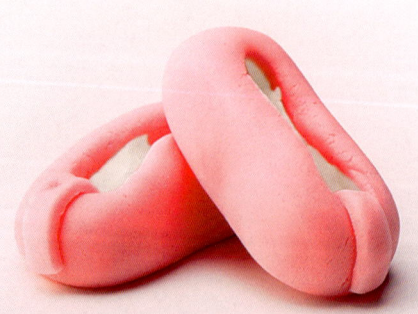

FUSSBALLFAN-CUPCAKES

Diese Schokoladen-Cupcakes mit Buttercreme-Gras, Fußbällen und Mannschaftstrikots aus Fondant werden alle kleinen und großen Fußballfans begeistern! Natürlich sollten die Shirts die richtigen Teamfarben haben! Die Anfertigung der Fußbälle ist nicht ganz leicht. Dafür können aber auch fertige Deko-Fußbälle verwendet werden, die im Handel leicht erhältlich sind.

➡ FÜR 12 STÜCK

90 g Mehl
1 TL Backpulver
30 g Kakao
120 g weiche Butter
120 g Rohrzucker
2 Eier
1–EL Milch

FÜR DIE DEKORATION

250 g weißer Rollfondant
50 g schwarzer Rollfondant
80 g roter Rollfondant
120 g weiche Butter
230 g Puderzucker

1 TL Vanilleextrakt
1–2 TL Milch
grünes Lebensmittel-
  farbgel
blauer Lebensmittel-
  farbstift

1 Den Ofen auf 180 °C vorheizen. Ein Muffinblech mit Cupcake-Förmchen auslegen. Das Mehl, das Backpulver und den Kakao mischen, sieben und beiseitestellen.

2 Die Butter einige Minuten cremig rühren. Den Zucker hinzugeben und weiterschlagen, bis die Mischung leicht und locker ist und eine blasse Farbe hat. Die Eier verquirlen und schrittweise unter kräftigem Rühren zur Butter-Zucker-Mischung hinzufügen. Zum Schluss 1 TL Mehl einrühren, damit die Masse nicht gerinnt. Die Mehlmischung unterheben, dann nach und nach so viel Milch hinzufügen, bis der Teig schwer vom Löffel reißt.

3 Den Teig in die Förmchen füllen. Im Backofen 20–25 Minuten backen, bis die Kuchen aufgegangen und leicht gebräunt sind und bei leichtem Druck auf die Oberfläche etwas nachgeben. Im Muffinblech auskühlen lassen, dann herausnehmen und auf einem Kuchengitter vollständig abkühlen lassen.

4 Für die Herstellung der Fußbälle ⅔ des weißen Fondants zu 6 Kugeln formen mit ca. 2,5 cm Ø. 30 Fünfecke mit einer Größe von ca. 5 mm aus dem schwarzen Fondant ausschneiden und jeweils 5 davon anfeuchten und auf einen Ball kleben. Mit dem Messerrücken die „Ziernähte" einritzen. Zum Trocknen beiseitestellen.

5 Für die Anfertigung der Shirts jeweils 3 aus dem roten und 3 aus dem weißen Fondant ausschneiden. Wenn Sie gestreifte Shirts möchten, jeweils ein weißes und ein rotes aufeinanderlegen, in senkrechte Streifen schneiden und abwechselnd wieder zusammensetzen.

Variation: American Football
Etwas braunen Fondant zu einem länglichen Ball rollen. Mit weißer Zuckerschrift oder einem weißen Lebensmittelfarbstift die Nähte auf den Ball zeichnen. Zur Herstellung von passenden Shirts werden 2 Shirts in zwei verschiedenen Farben (z. B. in Blau und Weiß) ausgeschnitten und die Schulterpartien abgeschnitten. Die Stücke auseinandernehmen und die Shirts – unter Verwendung einer Farbe für den Körper und einer für die Schultern – wieder zusammensetzen.

Mit einem blauen Lebensmittel-Farbstift eine Nummer auf jedes Shirt schreiben. Zum Trocknen beiseitestellen.

6 Die Butter einige Minuten rühren, bis sie cremig ist und eine blasse Farbe hat. Den Puderzucker sieben und schrittweise unter Rühren hinzugeben. Den Vanilleextrakt und so viel von der Milch einrühren, bis die Buttercreme geschmeidig ist und sich gut mit dem Spritzbeutel aufspritzen lässt. Mit der Lebensmittelfarbe leuchtend grün färben. Mit einer Sterntülle das Gras auf die Cupcakes aufspritzen. In die Mitte von jedem Kuchen einen Fußball oder ein Shirt setzen.

Nährwertangaben: Energie 408 kcal/1718 kJ; Protein 3 g; Kohlenhydrate 64 g – davon 58 g Zucker; Fett 17 g – davon 11 g gesättigt; Cholesterin 81 mg; Kalzium 45 mg; Ballaststoffe 0 g; Natrium 190 mg

KARIBIK-CUPCAKES

Cupcakes mit Ananas-, Bananen- und Orangengeschmack

Diese saftigen Cupcakes mit Ananas-, Bananen- und Orangengeschmack sind eine Variation des amerikanischen Kuchenklassikers „Hummingbird Cake".
Seine Zutaten bilden die köstliche tropische Grundlage für unsere Karibik-Cupcakes. Sie können als kleine Inseln, mit Haien und kleinen Cocktail-Papierschirmchen dekoriert werden. Auch Segelboote mit lustigen Fahnen sehen als Verzierung sehr hübsch aus.

➡ FÜR 12 STÜCK

120 g Mehl
½ TL Natron
120 g Streuzucker (extrafein)
1 reife Banane
75 g Ananas (Dose)
2 Eier
100 ml Sonnenblumenöl
1 EL unbehandelter Orangenabrieb

FÜR DIE DEKORATION

3 EL weiche Butter
120 g kalter Frischkäse
250 g Puderzucker
Lebensmittelfarbgel (blau, gelb, schwarz)
150 g weißer Rollfondant
weißer und grüner Zuckerguss
ein paar kleine Zuckerblumen
6 kleine Cocktail-Schirmchen aus Papier

1 Den Ofen auf 180 °C vorheizen. Ein Muffinblech mit Cupcake-Förmchen auslegen. Das Mehl, das Natron und den Zucker in eine große Schüssel sieben.

2 Die Banane zerdrücken und die Ananas in kleine Stückchen schneiden. Die Eier, das Öl, das zerkleinerte Obst und den Orangenabrieb zur Mehlmischung geben und alles gut verrühren.

3 Den Teig in die Förmchen füllen. Im Backofen 20 – 25 Minuten backen, bis die Kuchen aufgegangen und leicht gebräunt sind und bei leichtem Druck auf die Oberfläche etwas nachgeben. Im Muffinblech auskühlen lassen, dann herausnehmen und auf einem Kuchengitter vollständig abkühlen lassen.

4 Für die Dekoration die Butter einige Minuten schlagen, bis sie cremig ist und eine blasse Farbe hat. Den Frischkäse abtropfen lassen und gut mit der Butter vermischen, dabei nicht zu stark rühren. Den Puderzucker sieben und die Hälfte davon zu der Mischung dazugeben und

alles verrühren. Dabei den restlichen Zucker einstreuen. Mit blauer und gelber Lebensmittelfarbe grün-blau färben und bis zur weiteren Verwendung kalt stellen.

5 Die Hälfte des Fondants gelb färben und 6 „einsame Inseln" formen, entweder in einem Stück oder in mehreren Lagen. Den Rest zur Hälfte mit schwarzer Lebensmittelfarbe dunkelgrau färben und 6 große und 6 kleine Haiflossen modellieren. Beiseitestellen und einige Minuten trocknen lassen.

6 Die grün-blaue Creme so auf den Cupcakes verteilen, dass man einen Effekt von rauer See bekommt. Die Inseln und 6 kleine Haiflossen auf sechs Kuchen verteilen und 6 große Haiflossen auf den übrigen Cupcakes. Mit dem weißen Zuckerguss Wellen und mit dem grünen Blätter auf die Inseln aufspritzen. Die Zuckerblumen auf den Inseln verteilen und die Schirmchen hineinstecken.

Nährwertangaben: Energie 363 kcal/1526 kJ; Protein 3 g; Kohlenhydrate 53 g – davon 45 g Zucker; Fett 17 g – davon 6 g gesättigt; Cholesterin 56 mg; Kalzium 53 mg; Ballaststoffe 1 g; Natrium 150 mg

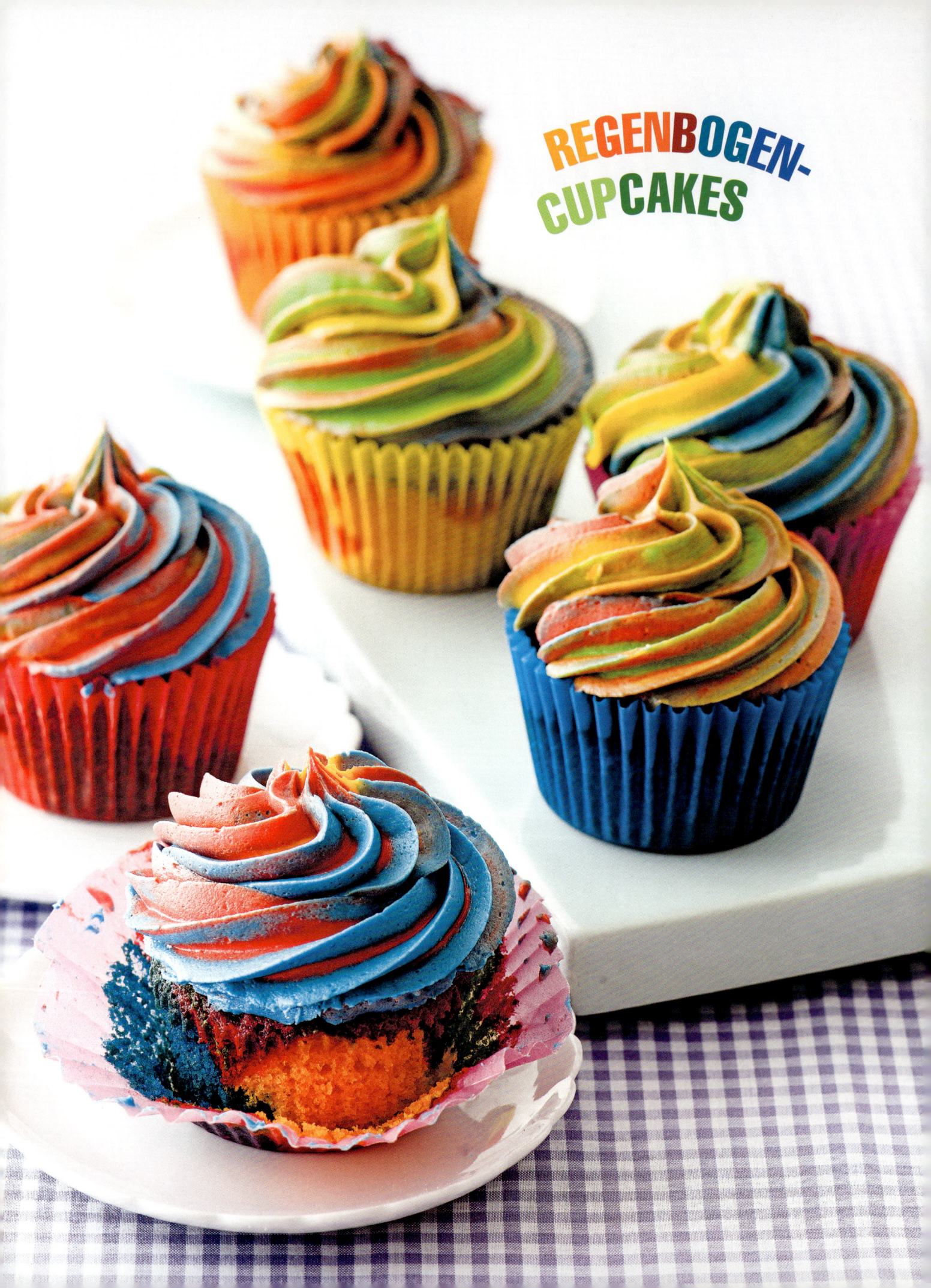

REGENBOGEN-CUPCAKES

Tipp

Es ist am einfachsten, die Teigportionen durch Abwiegen aufzuteilen. Jede Portion Teig wiegt ca. 120 g und jede Portion Buttercreme ca. 130 g.

Die farbige Buttercreme abwechselnd in den Spritzbeutel füllen.

➡ **FÜR 12 STÜCK**

120 g Mehl
1 TL Backpulver
120 g weiche Butter
120 g Streuzucker (extrafein)
2 Eier
1 TL Vanilleextrakt
1 – 2 EL Milch
Lebensmittelfarbgel (rot, blau, gelb, grün)

FÜR DIE DEKORATION

180 g weiche Butter
350 g Puderzucker
½ TL Vanilleextrakt
2 – 3 TL Milch
Lebensmittelfarbgel (rot, blau, gelb, grün)
essbarer, goldener Glitzer (nach Belieben)

Bei diesen Cupcakes wurde Teig in mehreren Farben mit einer bunten Buttercreme kombiniert. Sie können zum Schluss mit essbarem Glitzer bestreut werden – ein Hauch von Gold am Ende des Regenbogens. Es ist nicht ganz einfach, den Regenbogen-Effekt hinzubekommen, deshalb haben wir hier eine größere Menge an Buttercreme vorgesehen, da eventuell etwas mehr als bei den anderen Rezepten verbraucht wird.

1 Den Ofen auf 180 °C vorheizen. Ein Muffinblech mit Cupcake-Förmchen auslegen. Das Mehl mit dem Backpulver mischen, sieben und beiseitestellen.

2 Die Butter einige Minuten cremig rühren. Den Zucker hinzugeben und alles zu einer lockeren Mischung verrühren. Die Eier verquirlen und mit dem Vanilleextrakt vermischen, schrittweise unter kräftigem Rühren zur Butter-Zucker-Mischung hinzufügen. Zum Schluss 1 TL Mehl einrühren, damit die Masse nicht gerinnt. Das Mehl unterheben, dann nach und nach so viel Milch hinzugeben, bis der Teig schwer vom Löffel reißt. Den Teig in vier Portionen teilen und jeweils rot, blau, gelb und grün färben.

3 Die Teigreste sorgfältig aus den Schüsseln kratzen und je einen Löffel von jeder Farbe in die Förmchen geben. Den Teig mit einem Schaschlikspieß oder Zahnstocher in den Förmchen vorsichtig durchrühren. Im Backofen 20 – 25 Minuten backen, bis die Kuchen aufgegangen und leicht gebräunt sind und bei leichtem Druck auf die Oberfläche etwas nachgeben. Im Muffinblech auskühlen lassen, dann herausnehmen und auf einem Kuchengitter vollständig abkühlen lassen.

4 Für die Dekoration die Butter einige Minuten rühren, bis sie cremig ist und eine blasse Farbe hat. Den Puderzucker sieben und schrittweise unter Rühren hinzugeben. Den Vanilleextrakt und so viel Milch einrühren, bis die Creme geschmeidig ist und sich gut mit dem Spritzbeutel aufspritzen lässt.

5 Die Buttercreme in vier Portionen aufteilen und rot, blau, gelb und grün färben. Einen Spritzbeutel mit einer großen Sterntülle bestücken. Den Beutel in ein Glas oder Messbecher stellen und den oberen Teil umstülpen. Jeweils einen Löffel der verschiedenfarbigen Cremes abwechselnd in den Spritzbeutel füllen. Die Creme vorsichtig aus dem Beutel auf die Cupcakes drücken, damit sich die Farben nicht vermischen. Die Cupcakes nach Belieben mit essbarem Glitzer bestreuen.

Nährwertangaben: Energie 379 kcal/1590 kJ; Protein 2 g; Kohlenhydrate 48 g – davon 41 g Zucker; Fett 21 g – davon 13 g gesättigt; Cholesterin 91 mg; Kalzium 48 mg; Ballaststoffe 0 g; Natrium 200 mg

JUWELEN-
CUPCAKES

... die Muster mit essbarer Goldfarbe bestreichen.

Der Ingwer verleiht diesen orientalisch anmutenden Cupcakes einen besonderen, leicht würzigen Geschmack. Nicht alle Kinder mögen Ingwer, Sie können ihn natürlich durch eine andere Geschmacksrichtung ersetzen. Essbare Goldfarbe ist im Internet oder in gut sortierten Fachgeschäften erhältlich.

➼ FÜR 12 STÜCK

180 g Mehl
1½ TL Backpulver
½ TL Natron
1 TL gemahlener Ingwer
1 Ei
90 g Butter
90 g Rohrzucker
90 g Zuckerrübensirup (oder Maissirup)
100 ml Milch

FÜR DIE DEKORATION

230 g Puderzucker
1 Eiweiß
2 TL Glyzerin
2 TL Zitronensaft (nach Belieben)
2–3 TL Wasser
Lebensmittelfarbgel (pink, grün, türkis, gelb)
essbare Juwelen oder Bonbons, essbare Perlen und Dragées
essbare Goldfarbe

1 Den Backofen auf 160 °C vorheizen (etwas niedriger als bei den anderen Rezepten). Ein Muffinblech mit Cupcake-Förmchen auslegen. Das Mehl, das Backpulver, das Natron und den Ingwer mischen und sieben.

2 Das Ei verquirlen. Die Butter, den Zucker und den Sirup in einen mittelgroßen Topf geben und unter Rühren bei niedriger Temperatur erhitzen, bis alle Zutaten geschmolzen und miteinander vermischt sind.

3 Vom Herd nehmen und zuerst die Milch und dann das Ei einrühren. Die Mehlmischung hinzugeben und alles glatt rühren.

4 Den Teig in die Förmchen füllen. Im Backofen 20–25 Minuten backen, bis die Kuchen aufgegangen und leicht gebräunt sind und bei leichtem Druck auf die Oberfläche etwas nachgeben. Im Muffinblech auskühlen lassen, dann herausnehmen und auf einem Kuchengitter vollständig abkühlen lassen.

5 Für die Dekoration den Puderzucker sieben und beiseitestellen. Das Eiweiß mit einem elektrischen Handrührgerät schaumig schlagen, dann schrittweise den Zucker hinzufügen. Schlagen, bis die Mischung dick und glänzend ist. Das Glyzerin und den Zitronensaft (nach Belieben) hinzugeben. Ca. 5 Minuten weiterschlagen, bis die Mischung sehr steif ist und beim Herausheben der Schneebesen Spitzen zieht.

6 Ca. ein Drittel der Glasur beiseitestellen und abdecken. 1 TL Wasser in die restliche Glasur geben und ihre Beschaffenheit testen, indem Sie mit dem Messer hineinschneiden und zählen, bis sich der Schnitt wieder schließt. Sollten Sie länger zählen müssen als bis 15, wird nochmals etwas Wasser zugegeben.

7 Die Glasur in drei Portionen aufteilen und pink, grün und türkis färben. Mit jeder Farbe jeweils 4 Cupcakes glasieren. Zum Trocknen beiseitestellen.

8 Die zurückbehaltene Glasur gelb färben und mit einer feinen Lochtülle indische Muster auf die Cupcakes aufbringen. Essbare Juwelen, Perlen oder Dragées auf die Muster setzen. Die dekorierten Cupcakes beiseitestellen und trocknen lassen. Wenn die Muster ganz getrocknet sind, mit essbarer Goldfarbe bestreichen.

Nährwertangaben: Energie 239 kcal/1011 kJ; Protein 3 g; Kohlenhydrate 45 g – davon 34 g Zucker; Fett 7 g – davon 4 g gesättigt; Cholesterin 36 mg; Kalzium 71 mg; Ballaststoffe 1 g; Natrium 184 mg

EINFACH
lecker

Zitronenabrieb und Beeren hinzugeben ...

...und mit Heidelbeeren und Zuckerstreuseln verzieren.

HEIDELBEER-CUPCAKES

Frische Heidelbeeren machen diese Cupcakes köstlich saftig. Sie werden mit einer Frischkäse-Buttercreme und noch mehr frischen Heidelbeeren dekoriert, doch auch eine einfache Glasur mit Zitronensaft würde gut passen. Die hübschen Silikon-Backförmchen in Teetassenform sind im Fachhandel erhältlich.

➡ FÜR 12 STÜCK

200 g frische Heidelbeeren
120 g Mehl
1 TL Backpulver
120 g weiche Butter
120 g Streuzucker
  (extrafein)
2 Eier

1 TL unbehandelter Zitronenabrieb
1–2 EL Zitronensaft

FÜR DIE DEKORATION

40 g weiche Butter
120 g kalter Frischkäse
250 g Puderzucker
violettes Lebensmittelfarbgel
violette Zuckerstreusel

1 Den Ofen auf 180 °C vorheizen. Ein Muffinblech mit Cupcake-Förmchen auslegen. Die Heidelbeeren vorsichtig waschen und trocknen. Für die Dekoration der Cupcakes etwa 60 Heidelbeeren beiseitestellen.

2 Das Mehl mit dem Backpulver mischen, sieben und beiseitestellen. Die Butter einige Minuten cremig rühren. Den Zucker hinzugeben und weiterschlagen, bis die Mischung leicht und locker ist und eine blasse Farbe hat.

3 Die Eier verquirlen und schrittweise unter kräftigem Rühren zur Butter-Zucker-Mischung hinzufügen. Zum Schluss 1 TL Mehl einrühren, damit die Masse nicht gerinnt.

4 Das Mehl, den Zitronenabrieb und die Beeren unterheben, dann nach und nach so viel Zitronensaft hinzugeben, bis der Teig schwer vom Löffel reißt.

5 Den Teig in die Förmchen füllen. Im Backofen 20–25 Minuten backen, bis die Kuchen aufgegangen und leicht gebräunt sind und bei leichtem Druck auf die Oberfläche etwas nachgeben. Im Muffinblech auskühlen lassen, dann herausnehmen und auf einem Kuchengitter vollständig abkühlen lassen.

6 Für die Dekoration die Butter einige Minuten schlagen, bis sie cremig ist und eine blasse Farbe hat. Den Frischkäse abtropfen lassen und mit der Butter verrühren, bis alles gut vermischt ist. Dabei nicht zu kräftig rühren. Den Puderzucker sieben und die Hälfte hinzugeben. Die Mischung gut vermengen und den restlichen Zucker einrühren. Mit einem Tropfen violetter Lebensmittelfarbe hellviolett färben.

7 Mit einer Sterntülle den Belag auf die Cupcakes aufspritzen, dann mit den zurückbehaltenen Heidelbeeren und einigen Zuckerstreuseln verzieren.

Nährwertangaben: Energie 313 kcal/1314 kJ; Protein 3 g; Kohlenhydrate 42 g – davon 32 g Zucker; Fett 16 g – davon 10 g gesättigt; Cholesterin 76 mg; Kalzium 53 mg; Ballaststoffe 0 g; Natrium 160 mg

SCHOKOLADEN-CUPCAKES

➡ FÜR 12 STÜCK

90 g Mehl
1 TL Backpulver
30 g Kakao
120 g Butter
120 g Rohrzucker
2 Eier
1–2 EL Milch
12 Stück Milchschokolade

FÜR DIE DEKORATION

50 g Zartbitterschokolade
120 g weiche Butter
230 g Puderzucker
1–2 TL Milch
Schokoladenplättchen und -streusel
kleine Zuckersterne

Der Schokoladenkern in der Mitte der Cupcakes ist für alle Schokoladenfreunde ein besonderes Vergnügen.
Auch ummanteltes Karamell ist hierfür gut geeignet. Die fertigen Cupcakes können mit allerhand Schokoladenleckereien verziert werden.

1 Den Ofen auf 180 °C vorheizen. Ein Muffinblech mit Cupcake-Förmchen auslegen. Das Mehl, das Backpulver und den Kakao mischen, sieben und beiseitestellen.

2 Die Butter einige Minuten cremig rühren. Den Zucker hinzugeben und weiterschlagen, bis die Mischung leicht und locker ist und eine blasse Farbe hat.

3 Die Eier verquirlen und schrittweise unter kräftigem Rühren zur Butter-Zucker-Mischung geben. Zum Schluss 1 TL Mehl einrühren, damit die Masse nicht gerinnt. Die Mehlmischung unterheben, dann nach und nach so viel Milch hinzugeben, bis der Teig schwer vom Löffel reißt.

4 Jeweils 1 Löffel Teig in die Förmchen geben und 1 Stück Schokolade obenauf legen. Den restlichen Teig auf die Förmchen verteilen. Im Backofen 20–25 Minuten backen, bis die Kuchen aufgegangen und leicht gebräunt sind und bei leichtem Druck auf die Oberfläche etwas nachgeben. Im Muffinblech auskühlen lassen, dann herausnehmen und auf einem Kuchengitter vollständig abkühlen lassen.

5 Für die Dekoration die Schokolade in der Mikrowelle oder im Wasserbad schmelzen. Zum Abkühlen beiseitestellen.

6 Die Butter einige Minuten schlagen, bis sie cremig ist und eine blasse Farbe hat. Den Puderzucker sieben und schrittweise unter Rühren hinzufügen. Die abgekühlte, geschmolzene Schokolade hineinrühren. Wenn nötig, nach und nach die Milch hinzufügen, bis die Creme geschmeidig ist und sich gut mit dem Spritzbeutel aufspritzen lässt. Die Buttercreme mit einer Sterntülle auf die Kuchen aufspritzen und mit verschiedenen Schokoladenplättchen, -streuseln und kleinen Zuckersternen dekorieren.

Nährwertangaben: Energie 341 kcal/1427 kJ; Protein 3 g; Kohlenhydrate 41 g – davon 34 g Zucker; Fett 20 g – davon 12 g gesättigt; Cholesterin 82 mg; Kalzium 57 mg; Ballaststoffe 0 g; Natrium 87 mg

HONIGBIENEN-CUPCAKES

➡➡ FÜR 12 STÜCK

120 g Mehl
1 TL Backpulver
120 g weiche Butter
50 Streuzucker (extrafein)
70 g Honig
2 Eier
1–2 EL Milch

FÜR DIE DEKORATION

120 g weißer Rollfondant
Lebensmittelfarbgel (gelb und schwarz)
20–30 Mandelscheiben
schwarze Glasur oder Zuckerschrift
180 g Butter
350 g Puderzucker
3 TL Honig
3 TL Zitronensaft
1–2 TL Milch

Die Fondant-Bienen auf diesen Cupcakes sitzen auf einem Tupfer Honig-Zitronen-Buttercreme – wie auf einem Bienenkorb. Es macht viel Spaß, Bienen aus Fondant zu formen, man kann aber auch fertige essbare Deko-Bienen kaufen.

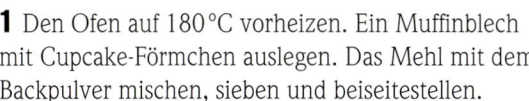

1 Den Ofen auf 180 °C vorheizen. Ein Muffinblech mit Cupcake-Förmchen auslegen. Das Mehl mit dem Backpulver mischen, sieben und beiseitestellen.

2 Die Butter einige Minuten cremig rühren. Den Zucker und den Honig hinzugeben, weiterschlagen, bis die Mischung leicht und locker ist und eine blasse Farbe hat.

3 Die Eier verquirlen und schrittweise unter kräftigem Rühren zu der Mischung hinzufügen. Zum Schluss 1 TL Mehl einrühren, damit die Masse nicht gerinnt. Das Mehl unterheben, dann nach und nach so viel Milch hinzugeben, bis der Teig schwer vom Löffel reißt.

4 Den Teig in die Förmchen füllen. Im Backofen 20–25 Minuten backen, bis die Kuchen aufgegangen und leicht gebräunt sind und bei leichtem Druck auf die Oberfläche etwas nachgeben. Im Muffinblech auskühlen lassen, dann herausnehmen und auf einem Kuchengitter vollständig abkühlen lassen.

5 Ca. 30 g des Fondants beiseitestellen. Den restlichen Fondant gelb färben. 12 oder mehr Bienenkörper (die

nach hinten hin spitz zulaufen und leicht gebogen sind) formen. Den übrigen Fondant schwarz färben, ausrollen, in dünne Streifen schneiden und um die Bienenkörper wickeln. Je ein Paar Mandelscheiben als Flügel an den Bienen befestigen. Mit der Zuckerschrift die Bienengesichter mit Augen und Mund aufmalen. Zum Trocknen beiseitestellen.

6 Die Butter einige Minuten rühren, bis sie cremig ist und eine blasse Farbe hat. Den Puderzucker sieben und schrittweise unter Rühren hinzugeben. Den Honig und den Zitronensaft untermischen. Nach und nach so viel Milch einrühren, bis die Buttercreme geschmeidig ist und sich gut mit dem Spritzbeutel aufspritzen lässt.

7 Die Buttercreme mit Lebensmittelfarbe hellgelb färben. Die Creme mit einer großen Lochtülle auf die Cupcakes spritzen. 1 oder 2 Bienen auf die Tupfer setzen. Mit etwas Sorgfalt kann die Buttercreme so aufgespritzt werden, dass die Tupfer wie Bienenkörbe aussehen.

Nährwertangaben: Energie 415 kcal/1741 kJ; Protein 3 g; Kohlenhydrate 56 g – davon 49 g Zucker; Fett 22 g – davon 13 g gesättigt; Cholesterin 91 mg; Kalzium 50 mg; Ballaststoffe 1 g; Natrium 203 mg

KOKOS-CUPCAKES

Diese verlockenden Kokos-Cupcakes sind auch als kleine Geschenke gut geeignet. Sie bekommen einen Belag aus Frischkäse und werden mit rosa Kokosraspeln verziert. In Cellophan verpackt und mit Schleifchen dekoriert sehen sie einfach fabelhaft und unwiderstehlich aus.

Mit rosafarbenen Kokosraspeln und mit essbarem Glitzer bestreuen.

➽ FÜR 12 STÜCK

120 g Mehl
1 TL Backpulver
120 g Butter
120 g Streuzucker (extrafein)
2 Eier
50 g Kokosraspel
2–3 TL Milch
rosa Lebensmittelfarbgel

FÜR DIE DEKORATION

rosa Lebensmittelfarbgel
50 g Kokosraspel
40 g weiche Butter
120 g kalter Frischkäse
250 g Puderzucker
essbarer Glitzer (nach Belieben)

1 Den Ofen auf 180 °C vorheizen. Ein Muffinblech mit Cupcake-Förmchen auslegen. Das Mehl mit dem Backpulver mischen, sieben und beiseitestellen.

2 Die Butter einige Minuten cremig rühren. Den Zucker hinzugeben und weiterschlagen, bis die Mischung leicht und locker ist und eine blasse Farbe hat.

3 Die Eier verquirlen und schrittweise unter kräftigem Rühren hinzufügen. Zum Schluss 1 TL Mehl einrühren, damit die Masse nicht gerinnt.

4 Das Mehl und den Kokos unterheben, dann nach und nach so viel Milch hinzugeben, bis der Teig schwer vom Löffel reißt.

5 Die Hälfte des Teigs in eine andere Schüssel geben und mit Lebensmittelfarbe rosa färben. Den rosa Teig in die Förmchen füllen und dann den ungefärbten Teig hinzugeben. Im Backofen 20–25 Minuten backen, bis die Kuchen aufgegangen und leicht gebräunt sind und bei leichtem Druck auf die Oberfläche etwas nachgeben. Im Muffinblech auskühlen lassen, dann herausnehmen und auf einem Kuchengitter vollständig abkühlen lassen.

6 Für die Dekoration einige Tropfen rosa Lebensmittelfarbe in ein Einmachglas mit Deckel geben. Bei fester Lebensmittelfarbpaste ein oder zwei Tropfen Wasser hinzugeben, damit die Farbe flüssig wird. Den Kokos für die Dekoration in das Glas geben, den Deckel aufschrauben und schütteln, bis der Kokos rosa gefärbt ist. Wenn nötig, den Kokos auf einen Teller geben und trocknen lassen.

7 Die Butter einige Minuten schlagen, bis sie cremig ist und eine blasse Farbe hat. Den Frischkäse abtropfen lassen und mit der Butter vorsichtig verrühren, bis alles gut vermischt ist. Nicht zu viel rühren! Den Puderzucker sieben und die Hälfte davon unter Rühren hinzufügen, dann den restlichen Zucker einrühren.

8 Die Buttercreme auf den Cupcakes verteilen, dann mit dem rosafarbenen Kokos bestreuen und nach Belieben einen Hauch essbaren Glitzer darübergeben.

Nährwertangaben: Energie 355 kcal/ 1485 kJ; Protein 3 g; Kohlenhydrate 40 g – davon 33 g Zucker; Fett 22 g – davon 14 g gesättigt; Cholesterin 76 mg; Kalzium 56 mg; Ballaststoffe 2 g; Natrium 162 mg

CUPCAKES
MIT AHORNSIRUP

Der Ahornsirup gibt diesen Cupcakes mit Karamellgeschmack eine besondere Geschmacksnote, die sich gut mit verschiedenen Nüssen wie Pecannuss oder Walnuss kombinieren lässt – insofern Ihr Kind Nüsse gerne isst. Im Fachhandel stießen wir auf diese wunderschönen Ausstecher in Form von Ahornblättern, mit denen wir den gelb und braun gefärbten Fondant für die Verzierung dieser Cupcakes ausgestochen haben. Als Dekoration sind auch halbierte oder gehackte Nüsse gut geeignet.

➽ FÜR 12 STÜCK

120 g Mehl
1 TL Backpulver
120 g weiche Butter
120 g Rohrzucker
2 Eier
3 EL Ahornsirup
50 g gehackte Nüsse
  (Peccan- oder Walnüsse)
1–2 EL Milch

FÜR DIE DEKORATION

150 g weißer Rollfondant
Lebensmittelfarbgel (gelb und braun)
120 g weiche Butter
230 g Puderzucker
4 TL Ahornsirup
1–2 TL Milch

1 Den Ofen auf 180 °C vorheizen. Ein Muffinblech mit Cupcake-Förmchen auslegen. Das Mehl mit dem Backpulver vermischen, sieben und beiseitestellen.

2 Die Butter einige Minuten cremig rühren. Den Zucker hinzugeben und weiterschlagen, bis die Mischung leicht und locker ist und eine blasse Farbe hat.

3 Die Eier verquirlen und schrittweise unter kräftigem Rühren hinzufügen. Zum Schluss 1 TL Mehl einrühren, damit die Masse nicht gerinnt. Dann den Sirup hinzufügen und alles gut vermischen.

4 Das Mehl und die Nüsse unterheben, dann nach und nach so viel Milch hinzugeben, bis der Teig schwer vom Löffel reißt.

5 Den Teig in die Förmchen füllen. Im Backofen 20–25 Minuten backen, bis die Kuchen aufgegangen und leicht gebräunt sind und bei leichtem Druck auf die Oberfläche etwas nachgeben. Im Muffinblech auskühlen lassen, dann herausnehmen und auf einem Kuchengitter vollständig abkühlen lassen.

6 Für die Verzierung die eine Hälfte des Fondants gelb, die andere braun färben. Den Fondant ausrollen und insgesamt 24 Blätter in beiden Farben ausstechen. Zum Trocknen beiseitestellen.

7 Die Butter einige Minuten schlagen, bis sie cremig ist und eine blasse Farbe hat. Den Puderzucker sieben und schrittweise unter Rühren hinzufügen. Den Sirup und so viel Milch dazugeben, bis die Creme geschmeidig ist und sich gut mit dem Spritzbeutel aufspritzen lässt.

8 Die Buttercreme mit einer Sterntülle oder mit einem Messer auf die Cupcakes auftragen und mit jeweils 2 Blättern verzieren.

Nährwertangaben: Energie 384 kcal/1609 kJ; Protein 3 g; Kohlenhydrate 52 g – davon 44 g Zucker; Fett 20 g – davon 11 g gesättigt; Cholesterin 81 mg; Kalzium 60 mg; Ballaststoffe 1 g; Natrium 175 mg

REGISTER

A

Auto- und LKW-Cupcakes 48

B

Bauernhoftiere 22

C

Chinesischer Neujahrsdrache 38
Cupcakes mit Ahornsirup 78

F

Fußballfan-Cupcakes 60

G

Glücksstern-Cupcakes 36

H

Halloween-Cupcakes 32
Happy-Birthday-Cupcakes 28
Heidelbeer-Cupcakes 70

Honigbienen-Cupcakes 74
Hunde und Katzen 18

J

Juwelen-Cupcakes 66

K

Karibik-Cupcakes 62
Kokos-Cupcakes 76

M

Märchenprinzessinnen-Cupcakes 42

O

Oster-Cupcakes
 mit Schoko-Nestern 30

P

Piraten-Cupcakes 44
Primaballerina-Cupcakes 58

R

Raumfahrer-Cupcakes 54
Regenbogen-Cupcakes 64

S

Schokoladen-Cupcakes 72
Superhelden-Cupcakes 46

T

Tropische Dinosaurier 20

W

Weihnachts-Cupcakes 34

Z

Zauberfalter-Cupcakes 24
Zauberhut-Cupcakes 52
Zuckerbäcker-Cupcakes 50

Erstveröffentlichung unter dem Titel:
„Cupcakes for Kids"
© Lorenz Books, ein Imprint von
Anness Publishing Ltd, 2014

Genehmigte Lizenzausgabe
EDITION XXL GmbH
Fränkisch-Crumbach 2014
www.edition-xxl.de

Herausgeber: Joanna Lorenz
Studio-Fotografie: William Lingwood
Foodstylist: Lucy McElvie
Ausstattung: Lisa Harrison
Außenaufnahmen: Josie Ainscough
Design: Jane McKenna
Mit besonderem Dank an die Modelle: Cressida,
Maia, Bella, Holly, Freddie, Sam und Peter
Bildnachweis Shutterstock: Lana 17, 18, 20, 25,
27, 30, 32, 33, 35, 41, 43, 51, 57, 58, 65, 69

ISBN (13) 978-3-89736-464-6
ISBN (10) 3-89736-464-6